I0153693

ALEXIS CHAVANNE

Pensées humaines

PARIS

ALPHONSE LEMERRE, ÉDITEUR

23-31, PASSAGE CHOISEUL, 23-31

—

M DCCC XCVII

8ᵉ R
13975

Pensées humaines

DU MÊME AUTEUR

MURMURES. Poésies . . . . 1 vol.

———

Tous droits de reproduction et de traduction réservés pour tous les pays, y compris la Suède et la Norvège.

ALEXIS CHAVANNE

Pensées humaines

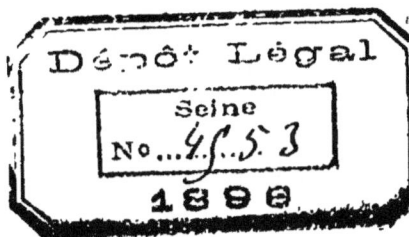

FAC ET SPERA

Dépôt Légal
Seine
No...4553
1898

PARIS

ALPHONSE LEMERRE, ÉDITEUR

23-31, PASSAGE CHOISEUL, 23-31

M DCCC XCVII

A LA MÉMOIRE

DE

MON AMI JULES DAMOUR

Cette œuvre est un peu tienne; elle est née de nos causeries, de nos discussions philosophiques, de nos lectures et études en commun.

ALEXIS CHAVANNE.

PRÉFACE

I

Il y eut, à tous les âges de l'Humanité civilisée, de fiers esprits qui dédaignèrent le verbiage, même élégant, même harmonieux, et, quand ils crurent devoir traduire, pour leurs contemporains ou quelquefois seulement pour eux-mêmes, leur pensée intime sur les phénomènes de la vie naturelle ou de la vie sociale, le firent sans phrases.

Par une juxtaposition aussi inattendue que sobre des termes les plus courants de leur langue, ils réussirent, non seulement à dire beaucoup de choses en peu de mots (multa paucis), mais aussi parfois sous l'influence de leur soleil intérieur à illuminer le fond des âmes communes et à y faire germer des entre-visions insoupçonnées de ces âmes elles-mêmes.

Et s'il arriva que, dans la noble lignée des mora-listes et des penseurs, où se recrutent de tels esprits, quelques-uns d'entre les meilleurs n'observèrent point toujours cette continence intellectuelle, mais se ré-pandirent parfois en développements inutiles, ce n'en est pas moins là où ils l'ont observée qu'ils se sont montrés le plus grands et le plus dignes d'occuper la mémoire des hommes.

Dès la plus haute antiquité grecque, par exemple, dès le IXe siècle avant l'ère chrétienne, il convient de citer, parmi les esprits d'ordre supérieur, auxquels nous devons quelques formules immortelles, le poète Hésiode qui nous a laissé Les Travaux et les Jours; puis, en suivant le cours des temps, le philosophe Solon, dont l'apophtegme pivotal, repris plus tard par notre La Fontaine dans sa fable: Le Renard et le Bouc, était qu'en toute chose il faut considérer la fin; Pythagore, l'auteur des Vers dorés, celui peut-être de tous les philosophes qui a le plus approché de l'in-accessible vérité; Phocylide et Théognis, qu'on a ap-

pelés les gnomiques (du grec : gnomè, sentences);
Aristote, Xénophon et ce Tyrtame que les Grecs,
charmés par sa parole, surnommèrent Théophraste,
c'est-à-dire divin parleur, l'auteur des Caractères,
le précurseur et le maître de notre La Bruyère; Lu-
cien, le merveilleux ironiste, et le bon Plutarque enfin,
dont l'œuvre fourmille de préceptes.

Dans l'antiquité juive, un nom resplendit au premier rang : celui du roi Salomon, qui a trouvé la
formule universelle et définitive, où toutes les autres
peuvent être à jamais comprises : Omnia vanitas.

Dans l'antiquité latine, après avoir nommé Lucrèce,
Cicéron, Virgile, Horace, Sénèque, Perse, Juvénal,
Tacite, Marc-Aurèle, Épictète, comme maîtres frap-
peurs d'idées, on ne doit point oublier les mimes
Publius Syrus et Laberius; le premier, qui a exprimé
cette cruelle vérité : — « Il faut te conduire avec ton
ami comme s'il pouvait devenir ton ennemi*; » le
second qui, contraint par César, quoiqu'il fût cheva-
lier romain, de faire le bouffon, lui décocha un jour
du haut de la scène cette apostrophe vengeresse :

---

* Ita amicum habeas, posse inimicum fieri ut putes.

« *Celui que beaucoup de gens craignent doit craindre beaucoup de gens**. »

    Parmi les écrivains de langue française, il y aurait lieu de nommer, depuis notre XVIᵉ *siècle, Montaigne, Charron, d'Aubigné, Pascal, Corneille, La Fontaine, La Rochefoucauld, La Bruyère, Montesquieu, Voltaire, Diderot, Duclos, Vauvenargues, Chamfort, Rivarol, le prince de Ligne, le duc de Lévis, Joubert, X. Doudan, Petit-Senn, Frédéric Amiel, Clair Tisseur, Alexandre Dumas fils, pour ne parler que des morts.*

II

    C'est à cette glorieuse famille d'esprits supérieurs qu'appartient M. Alexis Chavanne, l'auteur des Pensées Humaines, *que j'ai l'honneur de présenter au public lettré.*

    M. Chavanne avait déjà donné sa mesure comme penseur dans un recueil de poésies paru sous ce titre:

---

* Necesse est multos timeat, quem multi timent.

Murmures*, *et tout plein de vers dignes d'être détachés en sentences.*

Tel ce joli vers :

L'amour ne fleurit bien qu'au printemps de la vie.

Et cet autre, si profond :

Pauvres mortels, de rien nous ne savons le tout.

Et ce distique où l'affreuse barbarie de la Nature est si bien résumée :

Tout ce qui vit, pour vivre attaque et se défend.
Qui faiblit est vaincu ; qui, vaincu, devient proie.

Dans ce livre-ci l'auteur a usé d'une prose plus condensée encore que sa poésie, s'il est possible, car, au lieu des quatorze lignes d'un sonnet, il ne lui faut plus que les trois ou quatre lignes d'une maxime pour rendre en perfection une idée, au développement de laquelle, sans avoir su la formuler, messieurs les volumiers, aussi fatigants qu'infatigables, consacreraient tout un volume.

Tandis que ceux-ci se perdent et nous perdent dans la particularité contingente, ceux qu'il serait permis

---

* A la librairie Alphonse Lemerre.

d'appeler les maximistes s'en prennent (et cela fait leur force) à l'Universel qui, selon un vieux proverbe italien, ne se trompe jamais : L'Universale non s'inganna.

Une question resterait à discuter, c'est celle de savoir comment il est préférable que les penseurs et les moralistes s'expriment : soit par brèves maximes ayant chacune un corps distinct, soit par des argumentations enchaînées.

La Harpe, qu'on a surnommé le Quintilien français, a débattu cette question dans son cours de littérature, et il a plaidé alternativement le pour et le contre :

« En écrivant par articles détachés, et faisant ainsi un livre d'un recueil de pensées isolées, a-t-il dit des maximistes français connus de son temps, ils s'épargnèrent le travail de transition, qui est un art pour les bons écrivains et un écueil pour les autres. Ils n'avaient pas besoin non plus ni de plan, ni de méthode, ni de proportions, ni de cet intérêt général dont il est si difficile et si beau d'animer l'ensemble d'un ouvrage qui joint l'unité d'objet à l'étendue des détails. Ils ne s'occupaient qu'à faire valoir une seule idée à la fois, à en tirer le meilleur parti possible pour passer ensuite à une autre, sans aucune liaison

qu'une étoile ou un alinéa. En revanche, ils se dis-
tinguèrent par les qualités propres à ce genre d'ou-
vrages, et la tournure réfléchie et les formes concises
de leur style donnèrent à notre prose un caractère
qui lui a été utile et une sorte de beauté qu'il conve-
nait de joindre à tous les titres qu'elle avait déjà. »

S'il m'est permis d'emettre mon opinion sur une
affaire qui est un peu la mienne, car, comme le disait
Diderot dans l'une de ses lettres à Falconnet, « je
suis sacristain de cette église » (soit, en l'espèce, de
l'Église Sainte-Maxime), il me semble que, abstraction faite du point de vue rhétoricien, auquel se place
surtout le bon La Harpe, et à ne s'attacher qu'au fond
des choses, l'avantage reste du côté des maximistes
qui épargnent aux lecteurs de vive intelligence et de
grande culture des paraphrases dont ils se peuvent
fort bien passer, et, grâce à la clarté de leurs formules,
donnent aux lecteurs moins perspicaces la satisfaction
de paraphraser eux-mêmes la pensée de l'auteur.

N'est-ce pas d'ailleurs la facilité, qu'éprouvent
les personnes les moins lettrées de concréter par des
exemples à leur portée une claire abstraction, qui fait
l'universel succès des proverbes ?

Montaigne a écrit dans son chapitre Des Livres :
« Ie n'ay point d'aultre sergeant de bande à renger
mes pièces que la Fortune : à mesme que mes resveries
se présentent, ie les entasse. » Et, ma foi, Montaigne avait, selon moi, grandement raison de pro-
céder ainsi.

III

Pour employer une expression fort heureuse qui
ne se rencontre pas dans le livre de M. Chavanne,
mais que l'auteur n'en a pas moins trouvée, un jour
que nous causions ensemble, ce que font les maximistes, quand ils concentrent et subliment ainsi la
pensée, c'est de la cogitine, qu'il est loisible aux
autres d'absorber telle quelle ou de diluer, selon leur
tempérament moral.

Or cette cogitine extraite de leur cerveau, ils ne
la donnent jamais (ils sont trop philosophes pour
cela) comme représentant une dose quelconque de
vérité absolue.

Elle correspond à des vérités qu'ils savent purement relatives et dont ils sont les premiers à douter, soit qu'elles varient suivant l'époque, le lieu, les mœurs, soit même qu'elles semblent avoir leurs racines dans le tréfonds de l'homme.

Quoi qu'il en soit, ce n'en est pas moins l'expression de la sagesse éternelle touchant les préoccupations dominantes de l'époque dans laquelle aura vécu le penseur ou, si l'on préfère, l'inoculation de quelque chose de divin à une génération humaine.

Il serait digne d'un grand critique de suivre à travers les âges les propriétés distinctives de cette quintessence d'intellect produite par les maximistes, de voir ce qu'elle fut au juste, tour à tour, chez les Hébreux, chez les Grecs, chez les Romains, et parmi les seuls Français, chez ceux des XVIe, XVIIe, XVIIIe et XIXe siècles.

Ce qui domine aujourd'hui dans l'œuvre des maximistes français, et notamment dans ce beau livre de M. Alexis Chavanne, ce sont de grands sentiments de solidarité sociale, de fraternité humaine, d'amour protecteur pour les faibles, de révolte contre la force opprimant le droit et enfin de scepticisme, mais de scepticisme tendre et débonnaire, n'aspirant qu'à rendre la vie meilleure à tous.

La Bruyère a dit : — « L'on n'écrit que pour être entendu, mais il faut du moins en écrivant faire entendre de belles choses. »

A notre époque où trop d'écrivains luttent à l'envi pour en faire entendre de laides, et gagnent ainsi, ô prodige! gloire et richesse, M. Alexis Chavanne a su réaliser à la lettre le mot de l'auteur des Caractères.

Il fait entendre de belles choses, et parfois de très belles.

Qui, parmi les lecteurs capables de pénétrer une idée, n'admirera, par exemple, cette maxime finale des Pensées Humaines :

« Rechercher ce qu'il y a de général dans le particulier, de nécessaire dans le contingent, de permanent dans le passager, de sacré dans le profane, de divin dans le terrestre, de vie dans la mort...

« Voilà, au milieu du tumulte, en apparence incohérent, des êtres et des choses, la tâche du penseur. »

A notre humble avis, personne n'a jamais écrit rien de plus beau que cette maxime-là.

Elle résume d'ailleurs, d'une manière parfaite, tout le livre de M. Alexis Chavanne, à qui sa triple qualité de poète, de médecin et d'ancien élu du peuple, a suggéré nombre d'observations aussi justes que puissantes.

Ce livre séduira singulièrement les rares personnes dignes de l'ouvrir ; pour les autres, elles feront bien de chercher leur pâture intellectuelle beaucoup plus bas.

Qu'on me permette à ce propos de finir sur une profession de foi littéraire :

Les plus grands écrivains sont incontestablement ceux-là qui charment l'élite et empaument la multitude. Mais, au-dessous de cette équation géniale, les écrivains se superposent en raison inverse de la densité de leur public, de telle sorte que plus leur niveau est élevé, moins ils trouvent de lecteurs sur un point déterminé de l'espace et du temps.

C'est qu'il nuit beaucoup d'être une âme de choix pour conquérir les âmes vulgaires.

EDMOND THIAUDIÈRE.

10 septembre 1896.

Pensées humaines

Quelle furie de voleter sans cesse contre des barreaux d'airain, jusqu'à s'y briser les ailes, a donc ton âme qui va mourir en cage !... Et pourquoi ne pas chanter et picorer comme les autres ?

EDMOND THIAUDIÈRE.

I

« ... Ondoyant et divers ... » a dit Montaigne. — Hélas ! je suis homme, et mes pensées sont humaines.

II

Il faut que de décompositions en décompositions, l'idée la plus abstraite puisse être rame-

née à un support objectif, sinon, c'est une idée
fausse.

III

A tout prendre, il n'y a dans l'humanité que
deux classes d'êtres : les amants de l'idéal, les
desservants du réel. La confusion apparente est
le fruit de l'éducation. Mais creusez : vous trou-
verez soudain Don Quichotte ou Sancho, sainte
Thérèse ou Manon.

IV

Une révolution a, entre autres avantages, celui d'opérer une sélection dans les caractères :
d'un côté, les forts qui, restés debout, le droit en
main, font tête à l'orage; et les faibles qui, apeu-
rés, les mains levées au ciel, implorent du Sauveur
d'en haut un Sauveur en bas.

V

De même les grands malheurs publics (épi-

démies, inondations, famine...) déterminent un
surcroît de religiosité chez les faibles.

VI

Tant qu'il y aura un Sauveur de l'humanité,
il y aura des Sauveurs de sociétés.

VII

C'est le propre d'un homme et d'un peuple
vraiment forts de ne pas se laisser abattre par la
défaite ou enorgueillir par la victoire.

VIII

Comment se fait-il que le Français, qui a un
sentiment si vif du droit en général, se fasse un
ragoût de le violer en particulier, et qu'il soit
féru à la fois d'égalité et de distinctions?
Il y a de l'androgynie là-dessous!

IX

Et dire que des hommes sérieux passent leur

vie à courir des croix, des prix, des accessits comme à l'école!

X

A côté de la conscience, du sens intime, du sens moral, comment se fait-il que MM. les philosophes ne placent pas le *sens humain*, l'*humanum quid*, le sens collectif? C'est cette faculté qui constitue l'homme social, le citoyen.

XI

L'homme ne vaut ce qu'il vaut que par la société; c'est par elle seule qu'il peut dégager la partie supérieure de sa nature, et donner à sa destinée un plein développement.

XII

L'association a cette vertu singulière d'engendrer une résultante d'ordre supérieur à celui des forces individuelles composantes.

XIII

Le Vrai, le Bien, le Beau sont liés dans l'ordre moral, comme le sont dans l'ordre physique le mouvement, la chaleur, l'électricité.

XIV

Le principe de l'unité des forces et de leur transformation peut s'appliquer à l'homme. Le mouvement (du corps, de l'esprit, du cœur) se change en chaleur et lumière, et porte la vie à son summum d'intensité.

XV

La liberté est une entité d'école. L'homme va toujours du côté où il *croit* trouver son plus grand bien.

La liberté ressemble à la résultante du parallélogramme des forces.

XVI

Des besoins, des droits, des devoirs : série.

XVII

Toutes les chartes du monde ne sauraient donner la liberté à un peuple de jouisseurs. La liberté est fille du labeur et de la tempérance.

XVIII

L'égalité française est, comme la liberté anglaise, plutôt dans la lettre que dans l'esprit. C'est un besoin, ce n'est pas un fait.

XIX

L'instinct de sociabilité se traduit chez nous par des paroles; chez les Américains, par des actes.

XX

La souveraineté s'est déplacée ; la courtisanerie pareillement.

Peuple ! ouvre l'œil sur ceux qui te courtisent...

XXI

Un peuple sans moralité mérite un maître. L'esclavage moral se concrétise dans l'esclavage politique.

XXII

L'histoire est le produit de deux facteurs : la loi générale des choses, l'homme qui la méconnaît.

XXIII

Il y a une manière de se conformer aux con-

ditions des choses qui n'a rien de passif : c'est de
le faire virilement, avec l'air, pour les autres et
pour soi-même, de dicter aux choses ses propres
conditions. C'est une façon victorieuse d'être
vaincu. Incorporé au vainqueur, on l'absorbe.

XXIV

Ainsi nous agissons, au moyen de la science,
dans nos relations avec les milieux naturels. Ainsi
nous devons faire à l'égard des événements.

XXV

L'inégalité des conditions résulte de l'inégalité des forces. Équilibrez celles-ci, vous n'avez ni
mouvement, ni vie.

XXVI

Réfléchissez-y bien. La liberté et l'égalité sont
antipathiques et inconciliables. Il n'y a d'égalité
que dans la servitude.

XXVII

Esprits forts, ainsi nommés par les esprits faibles!

XXVIII

Le savoir rend les esprits supérieurs modestes, et les esprits médiocres, cuistres.

XXIX

Le savoir a ses parvenus comme l'argent, également insupportables dans la vie pratique.

XXX

Ne cherchez pas votre idéal trop haut, vous subiriez le martyre sans obtenir le ciel!

XXXI

Il n'y a que deux espèces d'hommes : des

nobles par l'intelligence; ceux-là épousent la science ou la muse; des *vilains* qui s'accouplent entre eux et reproduisent leur caricature.

XXXII

Réunissez trois hommes; le premier se fera soudain valet du deuxième, pour asservir le troisième.

Toute la philosophie de l'histoire tient dans ces deux lignes.

XXXIII

Les sceptiques? Allez! vous ne les voyez d'un mauvais œil que parce qu'ils ont pénétré le fond des turpitudes humaines, et que vous les savez assez hommes d'esprit pour n'être pas vos dupes à l'occasion!

XXXIV

Les savants sont en général inhabiles à l'ac-

tion. D'où leur vient cette absence ou plutôt ce
défaut de caractère? Ne voyez-vous pas que c'est
là une conséquence de leurs suspensions de jugement? Or, qu'est-ce qu'une suspension de jugement tournée en habitude? Le doute. Celui
qui ne doute de rien se détermine promptement
au petit bonheur.

XXXV

Les hommes d'action pensent avec leur moelle
épinière.

XXXVI

Affirmer hardiment, nier de même, voilà toute
la science du politicien.

XXXVII

Si vous voulez en imposer à votre génération,
affirmez-vous avec cynisme et tranquillité.

XXXVIII

Quand les faux bonshommes abondent, les faux grands hommes ne sauraient manquer.

Regardez autour de vous.

XXXIX

Le bon sens des Français se rencontre dans leurs livres, rarement dans leur conduite.

XL

Le désir de la renommée provient d'une fausse estimation des hommes.

XLI

Nous nous disons libres, et nous sommes esclaves de la nature, de nos semblables et de nous-mêmes... surtout de nous-mêmes!

XLII

A certaines façons de sentir et de penser, le moraliste flaire un phtisique bien avant le médecin.

XLIII

L'amour, hors de sa saison, a ses incurables. Il faut plaindre les femmes et siffler les hommes.

XLIV

Dans notre jugement sur les hommes, c'est toujours notre moi qu'à notre insu nous prenons comme commune mesure.

XLV

Il me semble, quand je lis, voir au travers du feuillet un personnage ironique qui m'applique imperturbablement les passages désagréables.

XLVI

La tourbe des littérateurs flatte les passions du jour. Le philosophe au contraire cajole la bête noire et fustige l'idole du peuple.

XLVII

L'industriel met dans les choses la meilleure partie de lui-même. Plus il y met, plus il se dépouille. Aussi le moment arrive où la chose lui en revend.

XLVIII

Notre activité se mesure à l'importance que nous attachons aux choses.

XLIX

Nous accusons les autres d'égoïsme quand leur personnalité résiste et ne veut pas abdiquer à notre profit.

L

L'analyse est une arme à double tranchant : avec l'un on met à nu hommes et choses ; avec l'autre on s'ouvre lentement le cœur.

LI

Que signifie la rage qu'ont les amis de vouloir nous rallier à leur dire et à leur faire ? N'est-ce pas un brevet d'estime qu'ils s'accordent *in petto* ?

Mais, malheureux ! s'il faut que je te ressemble, M. Prudhomme voudra que je lui ressemble, M. Denis aussi, M. Coquenard également. — Je suis tout le monde, je ne suis plus moi... Ah ! par pitié, ne m'écorchez pas, laissez-moi dans ma peau !

LII

Quand les hommes changent de sentiment à notre égard, nous les accusons de versatilité. Ne ferions-nous pas mieux de descendre d'abord en nous-même, et de voir si par aventure ce n'est point nous qui aurions changé?

LIII

Si les poètes, les artistes, les rêveurs passent leur vie *loin de la terrestre fange,* à cheval sur les nuages, c'est en vertu de leur légèreté spécifique.

LIV

Religion? Opium. Poésie? Haschisch.
Deux poisons. Deux complices.

LV

O Platon! tu bannissais les poètes de ta république, et tu y laissais les prêtres et les augures!

LVI

Sentons en artistes, pensons en savants, agissons en hommes.
Tout le compréhensivisme est là.

LVII

Y a-t-il deux morales?
— Évidemment, comme il y a deux espèces de gens, des honnêtes et des coquins.

I VIII

Dans une société de coquins, la vertu n'est jugée que comme une impuissance d'avoir des vices.

LIX

Les parvenus sont de deux sortes : les sots et les fripons. Les premiers ont pris la voie lente; les seconds, la voie rapide.

LX

Le Juif, l'Anglais, l'Yankee, trois lecteurs de la Bible. Trois bêtes de proie!

LXI

Charybde et Scylla? Gouffres primitifs! Nous avons mieux que ça aujourd'hui...
— Quid?
— La Gueule et la Gueuse!

LXII

Sodome est à point, — à quand la foudre?

LXIII

Le *Carpe diem...* du philosophe antique n'est pas toujours de mise. Le Sage, à certaines époques néfastes, ne peut vivre que de passé ou d'avenir, seul présent qui soit supportable.

LXIV

Nous n'avons prise sur la nature qu'en déterminant les conditions de la production des phénomènes; nous n'avons prise sur l'homme qu'en abordant franchement l'étude du déterminisme moral.

LXV ·

L'hérédité, le sexe, l'âge, le moment physiologique, les mouvements réflexes, le milieu, le moment historique, les exemples, les discours, les livres, voilà les principaux éléments du déterminisme moral.

LXVI

Les illusions existent à l'âge où le mouvement de composition est prédominant dans l'organisme; le scepticisme et l'ironie apparaissent sur la scène au moment où la décomposition va prédominer.

LXVII

L'énigme du Sphinx est éternelle... C'est la loi des choses à découvrir.

LXVIII

L'accord de la foi et de la raison, celui de la raison et de l'imagination, celui de l'idéal et du réel, celui du catholicisme et de la liberté... autant de pierres philosophales dont la recherche est puérile et vaine.

LXIX

Et dire que c'est avec la raison que certains cuistres prétendent établir victorieusement que nous devons soumettre la raison à la foi!

LXX

Voulez-vous voir un accord parfait? Regardez le trône et l'autel! La solidarité du compliciat les lie.

LXXI

Quand l'autel et le trône se prennent un mo-

ment de querelle, c'est dans un partage de dé-
pouilles!

LXXII

On ne lit pas M. de Maistre, c'est dommage
Le prêtre et le bourreau... le bourreau et le
prêtre... le prêtre...

LXXIII

Nous jouissons rarement du présent; le plus
souvent nous en souffrons... et pour échapper à
la souffrance, nous nous réfugions, les faibles
dans le passé par le rêve, les forts dans l'avenir
par l'action.

LXXIV

La sagesse consiste à mettre notre nature en
harmonie avec la nature des choses.

LXXV

Tendre à un but, y parvenir, voilà le bonheur!
— Et après? — Après? on recommence...

LXXVI

Quelle est votre destinée? être heureux? — Non! — Quelle? — Voir clair.

LXXVII

Après tout, dans une société inharmonique, l'intelligence ne consisterait-elle pas à être le plus fort?...

LXXVIII

L'originalité est le cachet d'une nature qui a le tempérament de la liberté.

LXXIX

La pensée qui tombe sur un terrain mal préparé fait comme la balle qui, tirée de près sur un mur, vous revient en pleine poitrine.

LXXX

Ce n'est pas le bonheur actuel qu'on sent le plus; c'est celui qu'on espère, ou celui dont on se souvient.

LXXXI

Le monde est aux médiocres. Celui qui n'arrive pas est un idiot ou un homme supérieur.

(Ce qui permet à tout idiot de se ranger parmi les hommes supérieurs!...)

LXXXII

Celui qui a pratiqué les hommes et ne les fuit pas, est un ange ou un gredin.

LXXXIII

Il y a deux classes de misanthropes: ceux qui ont trop aimé les hommes, ceux qui ne les ont jamais aimés.

LXXXIV

Nous aimons les bonnes gens qui sont souvent les gens bêtes en haine des gens d'esprit qui nous font peur.

LXXXV

Le bon sens n'est pas un phare, c'est un garde-fou qui retient le penseur dans le chemin de la vérité.

LXXXVI

Raisonnons moins, nous serons plus raisonnables.

LXXXVII

La vérité est pour l'homme un flambeau; pour la femme, un éclair.

LXXXVIII

La prospérité rend insolent, double la bêtise des sots, et rend bêtes les gens d'esprit.

LXXXIX

Combien d'hommes il faut mener comme les chiens, un bâton dans une main et du sucre dans l'autre!

XC

La femme a des sentiments d'humanité, non des sentiments humanitaires; elle compatit surtout au malheur individuel, moins aux souffrances collectives.

XCI

Les mobiles qui dirigent l'homme ne diffèrent de ceux qui poussent l'animal que par la complexité.

XCII

Si la rareté constitue le prix des choses, l'amitié n'a pas de prix.

XCIII

Sympathiser (sentir avec), cela veut dire que l'amitié repose plus sur la communauté des goûts que sur celle des idées.

XCIV

Il est des gens qui se traînent dans les connaissances banales, et livrent leur âme comme certaines femmes livrent leur corps.

XCV

L'or est comme la femme, il divise les hommes plus qu'il ne les rapproche. La goutte d'eau lentement versée ne creuse pas plus sûrement la pierre que l'intérêt ne rompt les plus vieilles amitiés.

XCVI

L'amitié aurait-elle sa lune de miel comme l'amour, et comme l'amour sa lune rousse ?

XCVII

Les hommes se supplantent en amitié comme les femmes en amour.

XCVIII

L'amour et l'amitié ne seraient-ils, à notre insu, qu'un redoublement de l'amour de soi-même ?

XCIX

L'amour est fait de besoins pour un quart et de trois quarts de vanité.

C

Il faut distinguer soigneusement le sentiment du sentimentalisme ; celui-ci est dans la tête, celui-là est dans le cœur.

CI

La fécondation est le but de la nature ; l'amour

n'en est qu'un moyen, — aussi les femmes senti-
mentales s'amourachent-elles des plus vigoureux
étalons...

CII

La timidité près des femmes peut annoncer
une belle âme, mais une pauvre organisation. La
nature fait hardis ceux qu'elle destine à propager
l'espèce.

CIII

En amour, la hardiesse chez l'homme, la pudeur chez la femme, sont en chacun d'eux un
excitant pour l'autre.

CIV

L'argent est comme la femme, il ne se donne
pas au plus digne, mais au plus ardent.

CV

L'homme se mesure à la tête ; la femme, au
cœur.

CVI

Le cœur est un éternel enfant que le cerveau doit tenir en tutelle.

CVII

Il y a trois hameçons auxquels se prend la femme : le torse, le sentiment, le métal.

CVIII

L'amour! que de fois c'est un mensonge à deux!

CIX

En amour les effets n'ont pas de causes, ils n'ont que des prétextes...

CX

En amour on n'est pas tenu d'être logique, on est même tenu de ne l'être pas.

CXI

L'amour vit de contrastes; l'amitié, de similitudes.

CXII

L'égoïsme, soyez-en sûr, prend sa source dans la faiblesse. L'enfant et le vieillard sont les plus égoïstes des êtres; la femme ne vient qu'après.

CXIII

« Le chat se caresse à son maître, » dit Diderot; j'ajoute : la femme aussi.

CXIV

Le mot *Fraternité* est dans toutes les langues; le mot *Sororité* n'est dans aucune. De même, le mot *Parâtre* est rare, si même il existe; le mot *Marâtre* est universel.

Cela veut dire quelque chose.

CXV

La nature a voulu que les femmes n'eussent pas d'amies ; serait-ce pour qu'elles nous aimassent davantage ?

CXVI

Riche d'amants, pauvre de cœur.

CXVII

Les femmes du monde mettent un tas de feuilles de vigne sur leur honneur. L'adresse consiste à les enlever une à une ; le bonheur, à ne pas les enlever toutes.

CXVIII

Voulez-vous avoir la mesure des affections humaines ? Piquez votre maîtresse dans sa vanité, dites la vérité à votre ami.

CXIX

Il en est de l'amour de certaines femmes

comme de la foi : il faut l'accueillir les bras ou-
verts et les yeux fermés; si on ouvrait les yeux,
on fermerait les bras...

CXX

La femme, c'est un vase rempli de parfums
qui n'a de prix qu'autant qu'on le débouche soi-
même.

CXXI

Il y a des femmes qui succombent par lassi-
tude. Celui qui les a croit les posséder : il les
viole!

CXXII

Quand une femme vous fait des avances, sa-
chez distinguer lequel est vide de son cœur ou
de son estomac (entre bohèmes).

CXXIII

Les femmes honnêtes ne haïssent tant les femmes galantes, que parce que celles-ci développent dans toute leur crudité les défauts du sexe.

CXXIV

Le singe, le sauvage, l'enfant, la femme ont des volitions courtes, frénétiques; ce n'est que chez l'homme *(vir)* que la volonté devient froide et soutenue.

CXXV

Le prêtre, la femme, l'artiste? trois êtres inférieurs, chez qui l'exagération du sens de l'idéal a étouffé le sens juridique et le bon sens.

CXXVI

Ne vous imaginez pas que c'est à votre question que répond une femme, quand vous l'interrogez; c'est à une autre question qu'elle s'est posée mentalement à l'occasion de la vôtre.

CXXVII

Une femme est déjà coupable de la cour qu'on

lui fait, car ou elle la laisse faire, ou elle la pro-
voque par sa coquetterie.

CXXVIII

Le dernier degré de l'ignorance chez la femme
n'est jamais aussi bas que le même degré chez
l'homme.

En revanche, rarement l'homme descend aussi
bas que la femme en immoralité.

CXXIX

La femme opine du cœur; celle qui vous désap-
prouve ne vous aime pas.

CXXX

L'amour est une orgie où la femme s'enivre
et où l'homme sert d'échanson!

CXXXI

La femme est incapable de supporter le doute;
elle arrive tout de suite à la désespérance.

CXXXII

C'est une femme enceinte qui a inventé le mariage...

CXXXIII

Les contrats sont des barrières à notre gredinerie.

CXXXIV

Le christianisme, la chevalerie, le roman moderne ont créé la maîtresse; ils ont rendu la femme mariée impossible.

CXXXV

Qu'est-ce qu'une maîtresse charmante? une femme qui a toutes les qualités qui l'empêchent d'être une épouse convenable.

CXXXVI

Combien y a-t-il de femmes qui ne se seraient

jamais mariées, si elles avaient pu vivre dans le célibat comme les hommes !

CXXXVII

— Tu ne te maries donc pas ?

— Que veux-tu ! Je suis trop pauvre pour épouser une fille riche, et je ne suis pas assez riche pour épouser une fille pauvre.

CXXXVIII

Il y a trois sortes de femmes, comme il y a trois sortes de voitures.

Tu ne peux pas en avoir une à toi, Philibert ? Monte en omnibus !...

CXXXIX

Mariage ? nasse. Célibat ? cocon.

CXL

Et Dieu dit à l'homme : « Tu mangeras ton pain à la sueur de ton front !

— Et moi, Seigneur ? demanda Ève.

— Toi !... à la sueur de ton mari ! »

CXLI

Mesurant l'amour des hommes aux folies qu'ils sont capables de faire pour elles, les femmes pensent que le mariage est la plus forte preuve d'amour que les hommes puissent leur donner.

CXLII

Pesez ce que valent les hommes à bonnes fortunes, et vous serez guéri et de la femme et de l'amour.

CXLIII

La galanterie est si bien le vice national que celui qui n'est pas vert-galant est méprisé même par les bégueules.

CXLIV

Eh quoi ! il ne se trouvera pas un statisticien

pour compter et le temps et l'argent et la force virile gaspillés par la femme?

CXLV

Un mari est un maître trop débonnaire; il faut à la femme un despote. C'est pourquoi elle prend un amant.

CXLVI

Votre femme allait modérément à l'église... depuis quelque temps elle en abuse...

Prenez garde, coquardeau! Le minotaure est sous le bénitier!...

CXLVII

L'adultère est condamnable, dites-vous. Je le crois bien. Mais pourquoi l'embellissez-vous dans votre littérature, sur vos théâtres?

Pourriez-vous me donner la clef de cette contradiction?

CXLVIII

L'adultère serait-il au mariage moderne ce que

la contrebande est au monopole... une protes-
tation?

CXLIX

Il y a des jours où la plus raisonnable des
femmes ne peut pas sentir son mari...
Le célibataire habile flaire ces jours-là...

CL

L'inconstance est-elle un fait social ? Faites le
procès à la société.
Est-elle un fait physiologique et destiné à
croiser les races? Plaignez-vous à la nature.

CLI

Au mari le brou de sa femme; à l'amant l'a-
mande.

CLII

Ce que le philosophe aime, c'est la pensée;
ce que l'artiste aime, c'est la muse; et le savant,

la science... Les femmes le sentent, et comme elles détestent le partage, elles se livrent aux sots.

CLIII

A vingt ans on aime les Raphaël; à trente ans les Vinci; à quarante ans les Rubens...
— Et à cinquante ans?
— Le pâté aux truffes!...

CLIV

A vingt ans la nature nous pousse à propager l'espèce, la société nous pousse à la mairie.

CLV

Les femmes sont comme les idoles, plus elles vieillissent, plus elles se parent.

CLVI

Certains esprits s'étonnent que la langue française n'ait qu'un mot pour exprimer des amours bien différents; ainsi l'on dit : J'aime ma femme!

j'aime le gigot à l'ail! j'aime ma maîtresse! j'aime la crème!... J'en demande pardon aux délicats, mais la langue française a raison. L'amour se résolvant toujours en une possession matérielle, elle n'avait besoin que d'un mot pour désigner des appétences identiques au fond, et qui ne diffèrent que par leur objet.

CLVII

La comédie classique finit par un mariage. Encore deux actes, nous serions en plein drame!...

CLVIII

Un bon père qui lance son fils dans le monde doit lui en signaler tous les dangers : 1° les femmes; 2° les hommes; 3° les amis; 4° les filles à marier...

CLIX

A vingt ans on aime. A quarante ans on veut être aimé.

CLX

L'homme moderne a transporté à la femme le culte que le sauvage réserve à ses idoles.

CLXI

Les choses se passent dans le mariage comme dans le gouvernement constitutionnel; le mari règne et ne gouverne pas.

CLXII

Faux cheveux, faux teint, fausses dents, faux tétons, fausses hanches, faux discours... quel joli bijou en faux que l'admirée madame X!...

CLXIII

Un chiffonnier de mes amis a pour maîtresse une marquise. Que n'a-t-il une chiffonnière! Il ne raccommoderait pas ses chausses lui-même.

CLXIV

Un mari est un esclave qui s'éreinte à couvrir un fétiche de bijoux, de dentelles, de falbalas... Le fétiche ainsi paré est admiré en public et volé un jour en particulier...

CLXV

Célibat? égoïsme simple; mariage? égoïsme composé.

CLXVI

Quel dommage que nos femmes ne soient pas ovipares! nous mangerions nos enfants à la coque, et le problème de Malthus serait résolu!...

CLXVII

Oh! mes amis! Pas de paradoxes en public! Les augures ne riaient qu'entre eux...

CLXVIII

A vingt ans c'est avec le cœur, à trente ans c'est avec la tête, à quarante ans c'est avec l'estomac que l'on pense (côté des hommes).

CLXIX

A trente-cinq ans, un homme qui se respecte doit faire son testament public et déposer en mains sûres le bilan de ses idées... car, passé cet âge, on s'avance à grands pas vers les marécages de l'*abdominalisme* où vont se noyer toutes les idées généreuses; le sens collectif s'éteint, le sens personnalitaire le remplace abominablement.

CLXX

Est-il un homme bien doué qui, arrivé à l'âge de quarante ans, n'ait entrevu le néant de toutes choses?

CLXXI

La fréquentation des sots est malsaine; hantez les gens d'esprit, mais cuirassez-vous bien.

CLXXII

Il en est de certains esprits, comme des toupies qui n'entrent en mouvement que sous un coup de fouet.

CLXXIII

Il y a des gens avides de nouvelles connaissances; ne serait-ce pas qu'ils sont trop connus des anciennes?

Qui ne sait le proverbe populaire : « Change de rue... »

CLXXIV

Quand un esprit faux réfléchit, soyez assuré

qu'il s'éloigne de la vérité. Il en approchera au
contraire, quand il agira spontanément.

CLXXV

Qui parle beaucoup, pense peu.

CLXXVI

La conformité des idées est le fondement de
l'amitié; la conformité des goûts en est la durée.

CLXXVII

Le savant doute où le poète croit. Le prêtre
est cynique où l'homme du monde est chaste et
voluptueux.

CLXXVIII

Regardez bien! dans le monde des habits noirs
et des cravates blanches, il y a autant de masques
que de visages.

CLXXIX

Le seul moyen de dominer son milieu et d'être riche dans sa pauvreté, c'est de s'affranchir des caresses de la sensation.

CLXXX

La misanthropie est un défaut par où le galant homme passe; il ne s'y tient pas, il a hâte d'arriver au dédain... encore un pas, il atteint la pitié, seul sentiment digne d'un esprit élevé et d'un grand cœur.

CLXXXI

Il est peu d'hommes de qui le mépris soit une punition, et le suffrage une récompense.

CLXXXII

Le doute? sérieux besoin de croire.
L'ironie? ardent amour de la vérité.

La révolte ? soif de justice.

Le blasphème ? violent hommage à l'idéal.

CLXXXIII

Le passé a vu le triomphe du prêtre et du guerrier. L'avenir appartient à la science et à l'industrie, au savoir et au travail.

CLXXXIV

Les chantres du désespoir, Byron, Chateaubriand, Sénancour, Musset... n'ont jamais désespéré qu'eux-mêmes, et quelques pauvres cervelles de jeunes gens.

L'homme fort agit sans geindre, et laisse les pleurs aux femmes.

CLXXXV

Les peintres religieux en sont arrivés à faire de la peinture anémique.

Sans philosopher ils ont senti d'instinct que la religiosité va de pair avec la faiblesse.

CLXXXVI

Saint Augustin, Bossuet, Pascal... sont des sybarites qui, fatigués du doute, s'endorment commodément sur l'oreiller de la foi.

CLXXXVII

L'idéalisme exagéré mène fatalement au mysticisme, c'est-à-dire au néant... Il est bon qu'il y ait de loin en loin des hommes comme Rabelais, Cervantes, Molière, Voltaire, Béranger... pour rappeler à la terre ceux qui sont pris trop facilement du vertige de l'idéal.

CLXXXVIII

Toute doctrine qui prêche le renoncement a sa source exclusive dans le sens personnalitaire. Poussée à ses conséquences logiques, elle aboutit à la dissolution de la société. Ce qui a fait dire à Bayle : « Une société de vrais chrétiens... »

CLXXXIX

Le Christ avait trente ans quand il commença à prêcher sa doctrine; il ne l'eût pas fait à quarante...

CXC

L'homme regrette sa jeunesse, l'humanité regrette son berceau. Cette disposition géniale explique la conception du paradis terrestre.

CXCI

La Providence est l'instinct de conservation d'un peuple; nous objectivons cet instinct, et voilà un bon Dieu de bâti!...

CXCII

— Quel est le Dieu des fourmis?
— Une fourmi énorme qu'elles n'ont jamais vue!...

CXCIII

L'animal souffre... Serait-il entaché, lui aussi, du *péché originel ?*

CXCIV

Que de gens chez qui la dévotion n'est que la peur à l'état chronique !

CXCV

Il y en a qui ne croient à l'immortalité de leur âme que par amour profond de leur peau.

CXCVI

La vertu des riches est fille de la peur qu'ils ont des pauvres.

CXCVII

C'est bien posé d'accuser les malheureux d'envie... C'est une façon de poser en parvenu.

CXCVIII

A mesure que les poches s'emplissent, la tête et le cœur se vident.

CXCIX

Le christianisme reste la religion des peuples chevaleresques et artistes.

Les Germains n'y ont mordu que pour la forme; ce sont de vieux loups d'Odin affublés de la peau de l'agneau de Dieu.

CC

Certains philosophes étudient l'homme, comme certains naturalistes étudient l'insecte, en *curieux de la nature.*

L'étude de l'homme exige en outre qu'on suive l'esprit humain dans ses manifestations variées, dans l'acte, dans la parole, dans le livre, dans les institutions, dans l'histoire.

CCI

On reproche souvent à Sénèque de n'avoir pas mis sa vie en harmonie avec ses discours. On n'observe pas assez qu'il fut ambitieux de bonne heure; qu'une fois sur cette pente on ne peut s'arrêter, et que ce sont justement les mécomptes de sa vie mondaine qui lui ont fait placer le souverain bien dans le détachement de tout.

CCII

La dignité est au vieillard ce que la pudeur est à la femme.

CCIII

Il est doué d'une âme deux fois antique l'homme qui, dans les temps où nous sommes, domine les préoccupations d'argent et de distinctions, et vit dans l'ombre d'art, de science ou d'amour.

CCIV

Ce n'est pas tout de s'affranchir de la tutelle de l'État; il reste encore à secouer le joug de l'opinion courante, difficile besogne dont seuls sont capables quelques esprits d'élite. — M. Prudhomme les appelle des originaux.

CCV

Tenez-vous à garder votre originalité? Vivez loin des villes; n'ayez qu'une société, la famille; qu'un livre, la nature; qu'un ami, un chien...

CCVI

Il faut distinguer la variété des impressions de la variation des idées. Dans le premier cas il y a des contrastes; dans le second, des contradictions.

CCVII

Il y a une occupation propre aux paresseux : faire des projets.

CCVIII

La médiocrité qui ne s'ignore pas n'est déjà plus de la médiocrité.

CCIX

Dans tout bloc de marbre il y a une statue. Pour la dégager, affranchissez-la des couches de marbre qui la recouvrent.

CCX

Prendre un bon parti maladroitement, c'est pis que d'en prendre un mauvais.

CCXI

Quand on met sur la pensée un couvercle de plomb, elle s'y condense et fait sauter la marmite.

CCXII

Il n'y a plus pour l'homme qui sait se souvenir et rêver qu'un présent perpétuel.

CCXIII

Ce n'est pas le premier cheveu blanc qui annonce la vieillesse, mais bien cette tendance de l'esprit à se reporter invinciblement vers le passé.

CCXIV

L'équité vient du cœur; la justice, de la raison.

CCXV

Les sectaires sont à cheval sur les principes comme sur une licorne.

CCXVI

Dépasser le but c'est presque toujours pis que de ne pas l'atteindre.

CCXVII

L'homme se croit volontiers volé de tout l'esprit qu'il découvre dans les autres.

CCXVIII

Celui qui vit d'ostentation ressemble à un chien qui tourne la broche : il ne se repaît que de fumée.

CCXIX

Le plaisir semble être pour l'espèce humaine ce qu'est la gravitation à la matière.

CCXX

Rester soi, c'est de la dignité; ne serait-ce pas aussi du bonheur ?

CCXXI

Les femmes sont plus femmes que les hommes ne sont hommes !...

CCXXII

La femme *est;* l'homme *devient :* elle, d'emblée; l'homme, par culture.

CCXXIII

Quand on aura fini d'améliorer l'espèce bovine, l'espèce ovine, l'espèce porcine, l'espèce chevaline... je demande qu'on songe à améliorer l'espèce *homine!* A quand la viriculture?

CCXXIV

Les poètes n'auront jamais assez de fleurs pour couvrir comme d'un voile mystérieux le fond charnel et physiologique de l'amour.

CCXXV

Il est deux sortes de biens, les grands : amitié, amour, gloire, pouvoir, richesse; et les petits : l'amour tout fait, les livres, le vin, le tabac, le soleil, les roses...

Un bohème de ma connaissance dit que les petits sont les grands!...

CCXXVI

La plupart de nos petits malheurs viennent de

ce que nous nous attardons dans les goûts d'un autre âge.

CCXXVII

Il n'est qu'une ivresse qui ne s'accompagne pas de dégoût... c'est celle de l'esprit.

CCXXVIII

Les hommes intellectuellement pondérés sont rares; ils passent inaperçus dans la cohue humaine, et sont confondus avec les médiocres, parce qu'ils ne font ni saillie ni éclat. Non aveuglés par le démon de l'ambition, ils se contentent d'être à l'occasion des hommes de bon conseil... dont les malins font profit.

CCXXIX

L'homme pauvre et fier (il y en a tant dans les classes libérales!) n'a pas même le droit d'avoir des vices, n'en ayant les moyens. Malheur à lui s'il déborde d'énergies vitales! Il lui faudra mettre

l'éteignoir là-dessus, et se traîner en frémissant
dans le sentier de la vertu!...

CCXXX

Dans ce siècle de l'encre et de grenouilles gon-
flées, l'homme qui se tient modestement à sa
place sert plus ses semblables que dix frocards et
douze folliculaires.

CCXXXI

Il y a un spectacle qui me fait hausser les
épaules! Je vois dans les corps hiérarchisés des
chefs qui, sans 89, seraient valets de charrue, et
qui font du favoritisme avec des poses de grands
seigneurs.

CCXXXII

Le jeune homme s'efforce de réaliser l'idéal;
l'homme mûr cherche à idéaliser le réel.

CCXXXIII

A mesure qu'il vieillit, l'homme cherche dans

la matière la poésie qu'il n'a plus en lui... Hélas!...
au sein d'un confort exquis, il se reporte à ses
vingt ans, à son grenier, à ses rêves!... et il sou-
pire!

CCXXXIV

Les natures élevés sont aisément mécontentes
de tout... et pourtant elles n'échangeraient pas
leurs chères douleurs contre la satisfaction des
imbéciles et des gredins.

CCXXXV

On ne devient un vrai homme *(vir)* qu'à la
condition d'avoir vomi tout dépôt de lait, qu'il
ait nom dogmes ou métaphysique.

CCXXXVI

Il faut se méfier toujours des doctrines qui font
désespérer de l'avenir de l'humanité.

CCXXXVII

Dans tout homme ou tout événement ne voir

6

qu'un sujet d'étude, c'est l'unique moyen de rester indépendant et impassible.

CCXXXVIII

Une volonté énergique et froide indique le plus souvent un esprit borné.

CCXXXIX

Les pauvres d'esprit ne sont jamais en contradiction avec eux-mêmes.

En savez-vous la raison?

C'est qu'ils n'ont jamais deux idées à la fois.

CCXL

Nous ne sommes en France que des copies. C'est à peine si on rencontre par-ci par-là un homme qui ait le courage d'être soi... On sent, on pense, on aime dans la peau des autres, comme on s'habille de leurs paletots. C'est le plus clair résultat du régime centralisateur qui passe naturellement dans les mœurs et les croyances.

CCXLI

Bel homme, solennel et bête, trois garanties d'avancement dans les corps hiérarchisés.

CCXLII

L'homme qui doit parler aux hommes en a conscience à vingt ans; — à trente ans il en a la preuve. — Il s'est affirmé en dépit des obstacles, en dépit des rivaux, en dépit de lui-même. — Il meurt jeune et sans postérité.

CCXLIII

Un peuple n'a que les institutions qu'il mérite, soit qu'il se les donne, soit qu'il se les laisse imposer.

CCXLIV

Je vois toujours trois catégories d'hommes : des esclaves, des affranchis, des patriciens; ils se mesurent du regard, et se haïssent cordialement comme aux beaux temps de Rome. La *fraternité* que le christianisme enseigne depuis deux mille ans n'y a rien fait.

C'est que ce sentiment a sa base dans le sens *personnalitaire* (dévouement d'homme à homme, charité) et non dans le sens *collectif*. La *solidarité* des intérêts une fois reconnue et réalisée peut seule amener l'accord et l'équilibre.

CCXLV

L'individu et l'espèce, le citoyen et l'État sont en compte-courant. Leurs *doit* et *avoir* sont proportionnels; leurs intérêts sont solidaires. L'un des deux ne peut nuire à l'autre sans se nuire à lui-même. — Le difficile c'est de faire exactement la balance.

CCXLVI

La reconstitution de la féodalité sous une forme nouvelle (le capital) amènera fatalement un branle-bas plus terrible que celui de 93!... Prenons garde que les pauvres, finissant par se

compter, ne tranchent la question à leur manière ;
ce ne serait pas à l'amiable !...

CCXLVII

Le plus grand ennemi de la démocratie c'est
elle-même. Elle n'aboutira jamais si elle ne renonce une fois pour toutes à ses traditions césa-
riennes.

CCXLVIII

L'avenir du prolétariat n'est pas dans les décla-
mations ineptes de ses meneurs politiques ; il est
dans la paume de ses mains... association et crédit
mutuel !... tel est le mot de l'avenir.

CCXLIX

Mais il est à remarquer que les hommes du
peuple ne retirent pas encore de l'association tous
les avantages qu'elle comporte ; c'est qu'ils y ap-
portent des instincts de *pécorisme,* héritage fatal,
non encore effacé, des hommes primitifs.

CCL

Après ceux qui le trompent, le vulgaire estime surtout ceux qui lui font peur.

CCLI

Entre l'avarice et la libéralité il y a un moyen : l'économie; comme entre la jeunesse et la vieillesse il y a l'âge mûr.

CCLII

Faites le bien en cachette, ne fût-ce que pour éviter les coups de vos obligés...

CCLIII

Le vrai dévouement satisfait plus celui qui le pratique que celui qui en est l'objet.

CCLIV

Comment font certains hommes pour porter

les deux ou trois siècles qu'ils ont de plus que les autres?...

CCLV

La doctrine du *fait accompli* est la plus épouvantable immoralité qui du haut des rostres soit tombée sur la pâle multitude.

CCLVI

La culture de l'esprit affine la sensibilité; et comme les causes de souffrance sont plus nombreuses que celles de jouissance, il s'ensuit que le lettré est celui qui souffre le plus. Aussi d'Alembert a-t-il pu s'écrier : « Qui est-ce qui est heureux? Quelques misérables!... »

CCLVII

La vie est une maladie; le sommeil en est le palliatif, et la mort, le remède.

CCLVIII

Le sentiment religieux est une expansion du sentiment moral.

CCLIX

Le cœur sert souvent de longue-vue à l'esprit.

CCLX

On n'est malheureux que par comparaison. L'es-tu? Laisse là le monde et file au désert!

CCLXI

Santé, vertu, gaieté, bonheur?... une série d'équations.

CCLXII

Un vaudeville pour le riche, une comédie pour le sage, un drame pour le pauvre... voilà la vie!

CCLXIII

La vie, c'est une coupe amère! La vertu, c'est

de l'avaler sans fraude; la philosophie, de la vider sans grimace; le dévouement, de boire un peu de celle des autres.

CCLXIV

Pour l'homme, rouler, comme Sisyphe, son rocher, jusqu'à ce qu'il en soit écrasé, c'est la vie!... Derrière la toile la plaisanterie recommence? Que t'avons-nous fait, ô Jupiter! pour nous condamner à la vie à perpétuité?...

CCLXV

Celui qui demande un conseil est un malheureux que vous devez secourir. Servez-lui de boussole, dût-il vous déchirer quand il sera au port.

CCLXVI

Donner un conseil perfide à quelqu'un, c'est assommer un ennemi à terre.

CCLXVII

Lui, un homme de caractère? vous voulez dire : un entêté.

(Ouvrage à faire : *Dictionnaire des euphémismes usuels,* ou bien : *Traité de l'euphémisme* : chap. Ier, de l'euphémisme en général; chap. II, des euphémismes en France aux diverses époques; chap. III, des euphémismes comparés chez les différents peuples et les différentes classes sociales; chap. IV, diagnostic de la moralité d'un peuple par les euphémismes de son langage.)

CCLXVIII

Le langage amoureux est tout entier voilé d'euphémismes...

CCLXIX

Amour et mort sont identiques au fond; c'est l'endroit et l'envers de la vie.

CCLXX

On n'est point libre au moment de l'action. Le seul pouvoir que nous ayons sur nous-même consiste à préparer de loin la tournure de la volition... On n'est pas sage tout d'un coup; on ne l'est que de longue main et par de rudes efforts.

CCLXXI

Ne me sentant de dispositions ni pour le tromper ni pour lui faire peur, je renonce à l'estime du vulgaire.

CCLXXII

L'homme fier *(dignus vir)* doit être assez intelligent pour cacher avec soin ses déceptions. Pas de cris, pas de récriminations, pas d'épigrammes, c'est du temps perdu... Il n'a que deux partis à prendre : ou se jeter tête baissée dans la mêlée, ou, s'il veut absolument philosopher, prouver aux gredins de son temps que le vice n'est qu'une erreur de calcul...

CCLXXIII

On a dit, je crois : « L'expérience est le total de nos déceptions. » L'homme intelligent soutire de bonne heure son total des déceptions des autres.

CCLXXIV

Quand, après de consciencieux efforts, nous avons bien constaté l'impuissance où nous sommes de résoudre les problèmes extra-terrestres dont les religions prétendent avoir reçu le mot, nous atteignons à cette béate sérénité où les tourments de Pascal ne peuvent plus nous atteindre.

CCLXXV

Aux jeunes hommes le *Passé* est peu sympathique; c'est que, pour le contempler, il faut détourner la tête, regarder en arrière, revenir sur ses pas. Ils professent une répugnance instinctive pour cette manœuvre rétrograde. Éclaireurs avancés, soldats d'avant-garde, ils regardent toujours en avant, parce qu'ils marchent; ils méprisent les sentiers battus devenus des ornières... Il leur faut l'espace inexploré...

CCLXXVI

Nous célébrons avec enthousiasme la VÉRITÉ,

la BEAUTÉ, la JUSTICE, et nous méconnaissons le vrai, le beau, le juste!...

CCLXXVII

Pour quelques-uns l'amour est un objet de luxe; pour tous l'amitié est un objet de première nécessité.

CCLXXVIII

Que de gens ont leur virilité ailleurs que dans leur tête!

CCLXXIX

C'est à son essence spiritualiste que l'amitié doit de survivre à l'amour.

CCLXXX

A créer : une société en commandite qui fournira d'excellents amis à un taux modéré (amis lettrés ou illettrés, de cœur ou de tête, artistes ou philosophes...).

La bosse de l'amativité ne sera pas obligatoire;
mais celle de l'approbativité sera de rigueur...

CCLXXXI

C'est un sentiment confus de solidarité qui
nous fait vibrer aux impressions collectives. Il
est très développé dans la jeunesse, âge du dévouement, et s'efface quand les intérêts indivi-
duels font invasion dans notre vie.

CCLXXXII

Les maladies de l'esprit sont aussi nombreuses
que celles du corps. La plus commune a pour
symptôme pathognomonique de se croire sain
du cerveau, elle a nom : *Sottise*. Elle est incurable.

CCLXXXIII

Que de choses il faut savoir pour en savoir
une!

CCLXXXIV

Horace envisageait la religion comme un

moyen de police. Les lettrés de notre siècle tiennent encore le langage de cet aimable épicurien : « Si nous supprimions l'enfer, il faudrait tripler le gendarme... »

CCLXXXV

Une réforme qui vient avant le temps est pire que l'abus qu'elle veut détruire.

CCLXXXVI

Napoléon fut un revenant... Alexandre ?... César ?... je penche pour Tamerlan... Aimez-vous mieux Attila ? à votre aise; à moins que Gengis-Khan...

CCLXXXVII

Les inondations, les cyclones, la famine, les épidémies sont d'ordre naturel; la guerre, la misère, le vice sont d'ordre social... épouvantable concurrence!

CCLXXXVIII

Tout est phénomalité pure, et tout s'écoule, y compris l'âme humaine, dans des rapports déterminés. C'est à ce déterminisme que les anciens donnaient le nom de Destin.

CCLXXXIX

A mesure qu'on vieillit, on devient de plus en plus presbyte, non seulement des yeux, mais du cerveau. On perçoit moins les détails, mais on voit mieux l'ensemble; on est moins apte à l'analyse, mais plus capable de synthèse; on ne discute plus, on dogmatise.

CCXC

Le passé n'est plus; l'avenir n'est pas encore; le présent seul est quelque chose... un point mathématique dans le temps!

CCXCI

L'immortalité des œuvres d'art naît du *conjugium* heureux de la forme et de l'idée.

CCXCII

La vie est une œuvre d'art; elle se fait de travail et d'amour. Celui qui a le plus vécu est celui qui a le plus travaillé et le mieux aimé.

CCXCIII

La vie est une série de lignes courbes, une douloureuse parabole, un long chapelet de compromis.

CCXCIV

Les arts ne brillent pas, comme on le croit, à l'heure de la virilité des peuples. Ne serait-ce pas des fleurs qui croissent sur des tombeaux?...

CCXCV

On dirait que la science marche tout au renversement du libre arbitre, car découvrir une loi, c'est éliminer une volonté; c'est restreindre en même temps le champ de ce qu'on appelle la Providence.

CCXCVI

La variété grotesque des dieux qui défilent dans l'histoire, démontre assez que l'idée de Dieu n'est pas déterminable.

CCXCVII

Polythéisme dans l'enfance;
Monothéisme à quinze ans;
Panthéisme à vingt ans;
Athéisme à trente;
Ecthéisme (écart du problème insoluble) à dater de quarante ans.
Voilà, par rapport au divin, l'évolution normale... Combien peu l'accomplissent intégralement!...

CCXCVIII

La raison marche; le sentiment vole...

CCXLIX

Le *premier mouvement* vient du cœur; il est utile aux *autres*.

Le second mouvement vient de la tête; il est utile à soi.

Voilà pourquoi les *autres* exaltent l'excellence du *premier mouvement.*

CCC

Otez à chacun son masque; sous ces masques divers vous retrouverez invariablement le même organe... un estomac.

CCCI

La fécondité d'une espèce animale est en raison directe des chances de destruction qui l'environnent. C'est ainsi que, pour n'être pas absorbés du coup dans le *Struggle for life,* les faibles opposent le nombre.

CCCII

Il est difficile de s'arracher à la servitude; il est plus difficile encore de garder la liberté.

CCCIII

Le règne de la liberté n'est pas celui des quiétudes efféminées; il veut le travail civique de tous les jours, la veillée de tous sous les armes.

CCCIV

Le savant plus que tout autre a une tendance à s'isoler. L'habitude de concentrer son esprit sur l'objet exclusif de son étude, l'amène insensiblement à s'isoler de l'ensemble des choses, à perdre le sens humanitaire, l'*humanum quid,* ce je ne sais quoi qui nous fait vibrer aux impressions collectives; ou, s'il en conserve la notion, ce n'est plus dans son cœur, mais dans son esprit où elle sommeille à l'état spéculatif.

CCCV

En même temps qu'elle fortifie, l'association moralise.

CCCVI

Pour la recherche de la vérité, pour le perfectionnement dans le savoir, ce n'est pas d'une doctrine qu'il faut être muni, c'est d'une méthode.

CCCVII

Les diverses sociétés dont l'histoire a conservé le souvenir, édifiées sur une idée préconçue de la nature et des destinées de l'homme, se sont, tour à tour, sur ces vains fondements, épuisées et éteintes.

CCCVIII

Une institution n'est pas une cause, c'est un effet; elle ne produit pas les mœurs, elle en est le produit. Une institution ne se crée pas de toutes pièces; elle se consacre.

CCCIX

Longtemps égaré à la poursuite de l'absolu et de l'inaccessible, l'esprit humain se résignant enfin à rentrer dans sa sphère, y trouve tous les éléments dont il a besoin pour atteindre à la notion des lois qui le régissent.

CCCX

En utilisant mieux leurs facultés intellectuelles, les hommes arrivent à faire tourner à leur profit soit individuel soit commun, non seulement les phénomènes naturels qui leur étaient hostiles, mais encore leurs propres passions qui passaient pour leurs ennemies plus déclarées peut-être.

CCCXI

Plus la conception de l'univers deviendra scientifique, et plus l'homme se connaîtra lui-même.

Le savant ne se doute pas qu'en étudiant la nature, il passe sa vie penché sur un miroir.

CCCXII

Chez les peuples déjà vieux et pourris de monarchisme, l'avènement de la démocratie est un signe de décadence... Sur ce terrain épuisé la démocratie n'est plus que l'asservissement de l'intelligence par le nombre.

CCCXIII

L'humanité est une vieille hallucinée, et, dans sa folie séculaire, elle ne change pas de manière de voir... Elle se borne à changer d'idoles!...

CCCXIV

L'Histoire est l'exposé adouci des fourberies des habiles, le tableau de la mystification des honnêtes gens.

CCCXV

Relisez-les bien : les œuvres des moralistes sont

presque toutes la paraphrase du mot de Salomon :
Vanitas vanitatum !

CCCXVI

Excès d'imagination?... Fléau épouvantable
pour les peuples comme pour les individus!

CCCXVII

Celui-là est vraiment fort qui, éprouvé par l'ir-
réparable, renie froidement les dieux et n'espère
plus que dans la mort.

CCCXVIII

L'animal vieillit; l'homme évolue.

CCCXIX

La violation des lois morales porte son châtiment avec elle, comme celle des lois physiques.
Seulement dans le premier cas la peine est pro-
portionnelle à l'importance de la loi violée; dans
le second cas, la peine est brutale, aveugle, sans

proportion avec la loi méconnue, et sans circon-
stances atténuantes.

CCCXX

Que de ruses, que d'habileté, que de science
il faut à l'homme pour échapper aux traquenards
que, sous chacun de ses pas, lui tend cette bonne
mère la *Nature !*

CCCXXI

Nous avons inscrit au sommet de nos codes :
Nul n'est censé ignorer la loi.
Ce précepte devrait bien plutôt flamboyer en
lettres de feu au frontispice de la Nature.

CCCXXII

La prière? Appel désespéré de secours adressé
par la créature au Créateur, contre la création.
Est-elle une défaillance, ou bien le cri d'un
instinct sublime?...

CCCXXIII

Dans la prière, acte d'adoration, il y a vibration synthétique de toutes les facultés mentales réunies en faisceau.

CCCXXIV

Un cercle d'ensemencements successifs commencé par l'homme sur la femme, continué par la femme sur l'enfant, et complété par l'action combinée du père et de la mère sur le troisième être : voilà la théorie pure de la famille.

CCCXXV

Dans la destinée de l'homme, la pensée n'est qu'un moyen, les satisfactions du cœur sont le but.

CCCXXVI

La félicité que l'art procure à ses initiés donne la raison de ses martyrs.

CCCXXVII

La passion en amour est une hallucination de l'esprit entée sur un prurit des sens.

CCCXXVIII

L'homme n'a qu'un moyen d'échapper à la violence de l'instinct génésique, c'est d'engendrer dans l'ordre des idées.

CCCXXIX

Un ami véritable est sévère pour nos fautes, indulgent pour celles des indifférents.

CCCXXX

Que sont tous nos bonheurs, sinon des bonheurs de carton que nous affichons pour exciter l'envie et nous faire illusion?

CCCXXXI

Misanthropie? Quarantaine et gastrite.

CCCXXXII

Quand nous blâmons les autres, ne pas perdre de vue que les autres c'est nous.

CCCXXXIII

Le vaniteux se fait assez illusion à lui-même pour ne s'apercevoir pas qu'il n'en fait point aux autres.

CCCXXXIV

La littérature moderne vit si bien de nos vices qu'elle crierait famine si nous devenions vertueux.

CCCXXXV

Si la tribu des *gogos* venait à s'éteindre, les fripons en seraient réduits, pour vivre, à cultiver la vertu et à concourir pour le prix Monthyon.

CCCXXXVI

Bien souvent le journaliste me fait l'effet d'une

sorte de condensateur qui recueille les lieux communs flottant dans l'air, et les verse en pluie d'encre sur la foule.

CCCXXXVII

Combien qui, altérés d'idéal dans leur jeunesse, sont, sur leurs vieux jours, tout simplement altérés d'alcool!

CCCXXXVIII

Le peuple adorera toujours la force; à vous de lui montrer où est la vraie, dans votre intérêt comme dans le sien.

CCCXXXIX

A vingt ans le Français fait des vers; à quarante ans, une constitution.

CCCXL

Il est quelquefois nécessaire d'oublier beaucoup, pour se ressouvenir.

8.

CCCXLI

Il faut être vieux depuis longtemps, pour avoir pu acquérir l'expérience de la vieillesse.

CCCXLII

Ne trouvez-vous pas qu'il y a des idées grandes qui ne deviennent plus que de grands mots, quand on s'en sert maladroitement?

CCCXLIII

Il y a de grands mots à crinoline; ils sont faits pour les idées en baudruche.

CCCXLIV

Les dévots ne sont que de simples spéculateurs. Cela est si vrai que si on leur ôtait le paradis, ils cesseraient sur-le-champ de pratiquer.

CCCXLV

Il y a mille façons de croire en Dieu, comme il y a mille façons de le prier.

La croyance au progrès est une croyance en Dieu; un vif amour de la justice est l'amour de Dieu; une soif ardente du bonheur collectif est une savoureuse prière à Dieu...

CCCXLVI

La sotte idée des causes finales fait croire à l'homme que tout dans la nature a été fait pour lui, tandis que pour s'y maintenir, durant sa courte existence, il lui faut lutter, ruser, conquérir, dompter... — vaincre et mourir!

CCCXLVII

Tout est sérié dans la nature : sans la série, un tout immense, continu, indistinct, amorphe; avec la série, la forme, la distinction, le mouvement, la vie...

CCCXLVIII

Plus démocratique que la mort, la maladie nous égalise dès la vie : l'épicier a la goutte comme un grand seigneur, et le marguillier, comme le libertin, un catarrhe de vessie...

CCCXLIX

Le mot de la sagesse n'est pas seulement « modérez », mais « dirigez vos désirs ». Tout ce qui est contingent, tout ce qui s'épuise par la possession, dédaignez-le... ne désirez que la possession du *Vrai* qui seul est inépuisable.

CCCL

Dans la tragi-comédie humaine, les acteurs c'est la multitude immense jouant un rôle qu'elle n'a point préparé; les spectateurs sont quelques esprits d'élite clair-semés dans la salle, qui rient sans vergogne de la farce qui se joue sous leurs yeux.

CCCLI

Tout comme les individus, les peuples sont capables d'aliénation mentale.

CCCLII

Le prêtre s'en va... le gendarme devient un personnage... — Qu'est ceci? C'est l'humanité qui de son ciel fantastique redescend sur la terre.

CCCLIII

Aime bien qui est bien châtié!... Exemple : les peuples, les animaux, les femmes.

CCCLIV

Pour être complet et avoir le droit de rire de la sottise humaine, il faut en prendre la moitié.

CCCLV

Ce n'est pas les hommes que hait le misanthrope, mais leurs vices. — Sa haine est faite d'amour.

CCCLVI

O Molière! n'eusses-tu fait que *le Misanthrope*, tu mériterais des autels.

CCCLVII

Les natures féminines ressemblent à la mer. Sous l'agitation de la surface se cache l'immobilité du fond.

CCCLVIII

Il n'est pire tyrannie que celle de la faiblesse.

CCCLIX

Le vulgaire ne peut se passionner pour des abstractions; aussi est-il nécessaire, quand on veut de lui un effort vers le bien, de personnaliser le bien, de l'appeler Dieu, par exemple, s'il s'agit du souverain bien.

CCCLX

L'âme ne vit, ne se développe surtout, ne trouve une joie pure, qu'en sortant d'elle-même, et en s'intéressant aux autres; l'égoïste fait le plus faux des calculs : pendant que son corps engraisse, son âme s'atrophie.

CCCLXI

Il ne faut regarder au microscope aucune des affections de l'homme.

CCCLXII

Nous ne croyons à rien, et nous continuons à nous duper les uns les autres... Quelle lâcheté!

CCCLXIII

En face des aristocraties reconnues, il en existe une, inconnue, dont les membres se reconnaissent du regard. — C'est celle de la tête et du cœur.

CCCLXIV

Par cela même que quelque chose naît, ce quelque chose doit mourir.

CCCLXV

Je connais nombre de gens qui croient à l'en-

fer, et agissent comme s'il n'y en avait point;
d'autres qui, sans y croire, se comportent comme
s'il existait.

CCCLXVI

Chacun de nous, dans sa vie, a son sillon à
creuser. Ce sillon peut n'être pas profond, mais
il faut qu'il soit droit.

CCCLXVII

Qui lit Descartes? qui lit Spinosa? qui lit Leib-
nitz? qui lit Hégel? Quelques toqués... et c'est
tout!...
Et tu veux que j'écrive!!!

CCCLXVIII

Le doute engendre l'examen qui engendre le
savoir.

CCCLXIX

Les néo-hégéliens disent: « *Homo homini Deus,*

Homo sibi Deus. » Je traduis : « *In humano genere sumus, vivimus atque movemur.* »

CCCLXX

Les douleurs renaissent chaque jour; les joies sont clair-semées... C'est pourquoi les poètes et fabricants de religions ont si mal réussi les paradis. (Dante, Milton, Soumet.)

CCCLXXI

Le Bien et le Mal, éternel dualisme! Ormuzd et Ahriman sont complémentaires : le Mal est la limite du Bien... la souffrance est la *condition* du bonheur... D'où une sorte de légitimité du Mal !

CCCLXXII

A certaines époques troublées, les sages eux-mêmes ont de la peine à distinguer le mal du bien.

CCCLXXIII

L'homme ne pèche que par ignorance. S'il

avait la notion adéquate du Bien, il ne commettrait pas le Mal. On ne met pas volontairement la main dans le feu.

CCCLXXIV

L'idéaliste est un naïf que la nature a prédestiné à être le jouet de la femme et la pâture de l'homme fort.

CCCLXXV

Notre cerveau est immergé dans un milieu organique produit par trois facteurs : l'hérédité (de famille et de race) ou milieu intérieur, le milieu physique, le milieu social; déterminisme écrasant si notre intelligence essentiellement évolutive ne nous permettait de réagir, et de refaire en quelque sorte notre milieu intérieur par un habile entraînement.

CCCLXXVI

Le Vrai, le Beau, le Bien, autant de points de

vue du Juste (ou de l'équilibre); ou, si vous aimez mieux : une série d'identités dans l'équilibre universel.

CCCLXXVII

Une plèbe... une aristocratie... cela est si bien dans la nature des choses, que les coquins, ces réalistes par excellence, ont maintenu la distinction dans leur argot : ils ont la *haute* et la *basse pègre*.

CCCLXXVIII

Il faut que l'homme féconde la femme psychiquement comme il la féconde physiquement. Le mythe de Psyché ne signifie pas autre chose.

CCCLXXIX

Disposition romanesque : faiblesse génitale.

CCCLXXX

L'énergie du désir est en raison inverse de la

force qu'on a pour le réaliser. Voilà pourquoi les gens d'imagination sont les plus malheureux des hommes.

CCCLXXXI

L'homme est le parasite de l'écorce terrestre; il y naît, il en vit, il y meurt.

CCCLXXXII

En faisant acte de procréateur, l'homme se fait inconsciemment complice du créateur.

CCCLXXXIII

Pour agir sur les hommes comme pour se garer d'eux, il faut auparavant s'être rendu maître de soi-même.

CCCLXXXIV

A modeste fortune goûts modestes.
Le sage équilibre ainsi ses besoins avec sa destinée.

CCCLXXXV

Ce que nous appelons *Justice* dans le monde moral, s'appelle *Équilibre* dans le monde physique.

CCCLXXXVI

La Justice est la balance du Droit par le devoir. Un benthamiste dirait : celle de l'intérêt personnel par l'intérêt collectif.

CCCLXXXVII

La besace de Diogène au dos, les sandales d'Épicure aux pieds, le sage chemine paisiblement dans le sentier de Zénon.

CCCLXXXVIII

Il en est de l'éternité comme du ciel : nous les croyons en dehors de nous, tandis que nous y sommes en plein.

CCCLXXXIX

Savoir qu'on se dupe soi-même avec de grands mots, et n'en persister pas moins !

CCCXC

Chamfort dit : Il faut que le cœur se brise ou se bronze.

Je dis : Il faut qu'il s'élargisse. — *Sursum corda !*

CCCXCI

L'homme complet porte en lui et de front Don Quichotte et Sancho.

CCCXCII

Aimons avant tout ce qui est sain, de sens aiguisé et rassis, et ne s'écarte pas trop des limites imposées à notre pauvre nature.

CCCXCIII

La pensée n'est qu'un mode supérieur de la vie; la haute hygiène est donc le premier commandement.

CCCXCIV

Ce n'est pas tout que d'imprimer du mouvement au corps, du mouvement à l'âme, double culture qui fait l'homme fort. Il faut que l'action soit productrice, et que le produit se partage entre le plus grand nombre de mains... Les œuvres immortelles des penseurs sont dans ce cas.

CCCXCV

Le christianisme a pour base une négation juridique, la négation même du Droit, le péché originel. De là, comme une de ses conséquences, à légitimer la primauté de la Force sur le Droit, il n'y a qu'un pas... tout franchi!...

CCCXCVI

Le polythéisme est aristocratique;
Le monothéisme est despotique;
L'athéisme est anarchique;
L'ecthéisme* est républicain.

CCCXCVII

Nos amis? nos meilleurs ennemis!

CCCXCVIII

Que de milliers de siècles il a fallu à l'humanité pour arriver à se familiariser avec elle-même!

CCCXCIX

Les institutions? des idées concrétées.

---

* Écart de l'hypothèse de Dieu, comme invérifiable.

CCCC

Les femmes sont si habiles comédiennes qu'elles se dupent entre elles, et se dupent elles-mêmes.

CCCCI

En demandant le bonheur à la femme, l'homme me paraît aussi logique qu'en lui confiant son honneur.

CCCCII

O mes amis! prenez garde! tout renchérit autour de nous... Gare à ceux qui s'attardent!... Gare aux humanitaires! Gare aux poètes! Gare aux rêveurs!...

CCCCIII

Il en est des individus comme des peuples : les plus heureux sont ceux qui n'ont pas d'histoire.

CCCCIV

La sensation use la sensation; le sentiment s'use de lui-même; il n'y a que les idées qui sont immuables et ne périssent point.

CCCCV

Que la Raison, arrivée à sa maturité, n'oublie pas que le lait de la Foi a été son premier aliment. Elle doit à la Foi la haute indulgence qu'un homme bien né accorde à sa nourrice.

CCCCVI

Du choc permanent des partis en France naît peut-être ce feu sacré d'initiative qui est le cachet de cette nation.

CCCCVII

Les obstacles au progrès ne consistent pas seulement dans le conflit des intérêts, mais aussi dans la confusion des idées.

CCCCVIII

A certains moments de la vie d'un peuple, la mission de l'histoire se borne à dresser des procès-verbaux.

CCCCIX

La nature idéaliste de l'esprit français, confuse chez la masse, devient saillante chez le lettré, prédominante chez l'artiste. Nous ramenons tout, art, doctrines, institutions, hommes et choses, à ce type abstrait de perfection que nous portons en nous : le résultat de cette comparaison est un souverain mépris de la réalité.

CCCCX

Le cœur peut se repaître d'illusions; l'esprit, jamais.

CCCCXI

Il est des gens pour qui les extrêmes sont des pôles aimantés qui les attirent invinciblement.

CCCCXII

La Raison est susceptible d'accroissement; il est dans la nature du Sentiment d'être éternellement jeune. A la Raison, la recherche incessante du Vrai et du Juste; au Sentiment, la conservation du Bien et du Beau.

L'homme crée; la femme conserve.

CCCCXIII

Un cœur pur tient lieu à la femme de raison.

CCCCXIV

Que l'homme oublie moins que la femme attend tout de lui : croyances, morale, dignité, bonheur...

CCCCXV

La Science n'affecte pour l'art ni dédain ni indifférence. Elle se souvient qu'elle-même a été jeune, qu'Apollon fut son premier Dieu, et qu'elle orna sa corbeille de fleurs avant de l'emplir de fruits.

CCCCXVI

L'amitié est la compensation des existences obscures.

CCCCXVII

L'étude a des embrassements divins ; ses amants s'abreuvent dans ses bras pudiques de voluptés inconnues aux autres hommes...

CCCCXVIII

Quand on songe à ce que contient de locutions banales, de tropes caducs, de sentences ressassées, de mousses, de lichens, de cryptogames, d'infusoires de toutes sortes le fond boueux de notre écritoire de tous les jours, c'est à se dégoûter d'y plonger sa plume !...

CCCCXIX

Il y a des convictions solides... A la façon du verre : elles ne plient point, elles se brisent.

CCCCXX

Les mœurs ont une origine humaine, non sur-naturelle... Les religions font si peu pour les mœurs, que c'est aux époques de mysticisme qu'on signale la plus grande dépravation.

CCCCXXI

Société, destinée, deux grands mots pour voiler nos fautes.

CCCCXXII

La haute hygiène interdit tout écart; c'est dire qu'elle condamne la passion. La passion évitée, on file naturellement sur la vertu.

CCCCXXIII

Les hommes sont tellement pleins d'eux-mêmes, qu'il n'y a pas place en eux pour les préoccupations des autres.

CCCCXXIV

Une connaissance banale, qui se pose en ami, vous obsède? Vous ne savez comment vous en débarrasser? Simulez de la gêne; demandez-lui un service... vous ne la reverrez plus...

CCCCXXV

Il y a des gens que l'on voit partout et qu'on ne regarde nulle part.

CCCCXXVI

Le mondain? Un homme qui ne peut vivre en soi, en face de soi, qui s'agite follement pour s'oublier...

La solitude et le recueillement sont insupportables à un esprit vide ou hanté par le remords.

CCCCXXVII

Donner de bons préceptes, c'est bien. Donner de bons exemples, c'est mieux.

CCCCXXVIII

A refuser une faveur qu'on nous demande, il faut mettre plus d'amabilité qu'à l'accorder.

CCCCXXIX

Il est des hommes à qui il est plus dangereux de faire du bien que de faire du mal.

CCCCXXX

Il y a des ingratitudes que l'on préfère à certaines reconnaissances.

CCCCXXXI

Vous pleurez vos illusions? et pourquoi? N'est-ce pas assez d'être dupé par les autres, sans se duper soi-même?

CCCCXXXII

Il y a une ataxie mentale, comme il y a une ataxie locomotrice; le repos, pour celle-ci, le silence, pour celle-là, les dissimulent. Que l'une vienne à se mouvoir et l'autre à raisonner, l'infirmité devient manifeste.

CCCCXXXIII

La faiblesse organique est la source de la mobilité physique et morale. Exemple : l'enfant, la femme.

CCCCXXXIV

Tous les peuples ont une religion, quelques-uns ont l'opium en plus...

CCCCXXXV

On peut dire de certains vieillards que le temps n'a blanchi que leurs cheveux.

CCCCXXXVI

L'artiste entrevoit ce qui doit être... parmi les possibles entrevus, le savant en embrasse un, et le réalise.

CCCCXXXVII

Le vers est grand seigneur, bourgeois ou plébéien (Musset, Ponsard, Dupont).

GCCCXXXVIII

Les grands hommes n'ont jamais été d'une gaieté folâtre. Les gens gais, contents de tout, surtout d'eux-mêmes, ne sont que des ébauches, des parodies de l'homme; c'est l'instinct en goguette.

CCCCXXXIX

Dans ce grand et éternel mouvement de l'absolu sur lui-même, nous sommes la goutte d'eau

qui roule à la mer, la feuille que l'arbre engendre
et qu'il rejette, une peau de serpent dont l'humanité se dépouille... Voilà en quoi nous sommes
égaux!... pour le reste nous sommes à peine semblables!...

CCCCXL

Il n'y a de vraiment grand que celui qui pense
et fait de grandes choses sans rechercher l'ap-
probation des hommes.

CCCCXLI

Le Vrai — le Beau — le Bien.
Liberté — Égalité — Fraternité.
Remarquez-vous la correspondance de cette
double trilogie?

CCCCXLII

En poursuivant un idéal qui recule toujours,
l'humanité, adolescente éternelle, est condamnée
à progresser sans cesse.

CCCCXLIII

Le but de l'homme ici-bas est-il de jouir? Épicure dit oui, Zénon dit non. Zénon et Épicure ont tort, parce que l'un et l'autre, bien qu'en des sens opposés, indiquent pour but à l'homme la réalisation du bonheur individuel.

CCCCXLIV

Le sage cache sa vie et répand son esprit.

CCCCXLV

Quand tombe la première dent, quand pousse le premier cheveu blanc, on s'arracherait volontiers le reste, pour être de pair avec ses illusions.

CCCCXLVI

C'est une chose admirable que le tempérament apporté par l'âge aux jugements; il semble que les froissements de la vie impriment un même pli à tous les esprits.

CCCCXLVII

« La science sans conscience (lisez : sentiment) est la ruine de l'âme ! » — Qui a dit cela ? — Rabelais. Saluons ! C'est un trait de génie !

CCCCXLVIII

La coupe de la science ne suffit pas à étancher toutes nos soifs. Il m'arrive parfois, dût Aristote en bouder, d'aller rêver un moment avec Platon et Aspasie...

CCCCXLIX

Le gourmet ressemble à l'amateur de livres : deux hommes d'esprit ne servant chacun à l'organe approprié que la moelle des choses.

CCCCL

Il n'y a pas de forces nuisibles ; il n'y a que des forces utiles mal appliquées.

CCCCLI

La tonique de l'homme tient plus à sa nature sociale qu'à sa nature individuelle.

CCCCLII

Se bien tenir à table et communier, deux choses identiques... La liberté, l'égalité, la fraternité surtout n'ont jamais été réunies que là... la plupart des religions l'ont pressenti, et ont créé de agapes solennelles.

Mes amis, attablons-nous souvent, ne ressemblons pas aux fauves dont la loi est de se fuir!

CCCCLIII

Fatalité, liberté, deux expressions métaphysiques qui symbolisent, l'une, notre subordination écrasante aux lois de la nature, tant que nous les ignorons; l'autre, notre satisfaction et notre bien-être, dès que nous les connaissons et mettons à profit.

CCCCLIV

L'amour déréglé de la Justice amène infailliblement la volée de bois vert (exemple : Don Quichotte). — Les voluptueux, les jouisseurs se gardent avec soin des tendances humanitaires.

CCCCLV

Pluie et soleil, sourires et pleurs, voilà l'humour.

CCCCLVI

Le monde est si enfant, il est si facilement dupe, il a tant besoin d'y voir clair, qu'il faut à chaque pas lui crier : Casse-cou!

CCCCLVII

La femme endosse indifféremment la vertu ou le vice, comme elle endosse une parure. Il suffit que ça lui aille bien!...

CCCCLVIII

N'oublions jamais qu'il n'y a pas de bonheur, qu'il n'y a que de moindres malheurs.

CCCCLIX

Les stoïciens ont entrevu le bien absolu; leur tort est de l'avoir cru tangible à l'homme. On marche vers lui : on ne l'atteint pas. Mais le voyage est divin, et la route qu'il faut prendre est bien celle de la vertu, et non celle du plaisir.

CCCCLX

Pourquoi faut-il que pratique et théorie soient si souvent contradictoires jusque sous la robe du philosophe?

CCCCLXI

L'esprit qui court les rues est généralement crotté.

CCCCLXII

Nous sommes tellement habitués à voir, au dernier acte de nos œuvres dramatiques, la vertu récompensée et le crime puni, que nous nous imaginons que, dans le drame de la vie, ce dernier acte, qui fait défaut, se passe, au baisser du rideau, derrière la toile.

CCCCLXIII

Rares sont les choses dignes d'une espérance ; rares, celles qui méritent un regret.

CCCCLXIV

Le sage va demander à la solitude un avant-goût conscient du calme inconscient de la tombe.

CCCCLXV

Ce qui fait la supériorité de la mathématique

sur les autres sciences, c'est que les deux grands procédés dont se sert l'esprit humain, l'induction et la déduction, s'y corroborent l'un par l'autre.

CCCCLXVI

A escalader fréquemment les hauts sommets et à considérer de vastes étendues, on prend l'habitude de voir les choses en grand et les hommes de haut.

CCCCLXVII

Je ne redoute pas la vieillesse; je serai alors vieux sur toute la ligne, et pourrai l'être tout à mon aise.

CCCCLXVIII

Contre les infirmités de la vieillesse, il est heureusement un remède souverain... la mort.

CCCCLXIX

Bonheur, tu n'es qu'un mot!... Voilà le cri qu'aurait dû pousser Caton mourant.

CCCCLXX

Pensée cueillie sur les lèvres d'un parfait égoïste : « La mort serait un mal si on se sentait pourrir... Mais du moment qu'on ne sent mauvais que pour les autres!... »

CCCCLXXI

Vous vous adonnez aux grands mots, Philibert, et vous vous en grisez : la divinité, l'humanité, l'animalité, la végétalité!... Et la Pierréité? qu'en faites-vous?...

CCCCLXXII

Il y a des jours où l'on est nominaliste enragé!...

CCCCLXXIII

Jeûne, on croit trop à la vertu des femmes; vieux, on n'y croit pas assez.

CCCCLXXIV

Il y a tout bénéfice à mal parler des femmes...
Il s'en trouve toujours une qui s'applique à mo-
difier votre manière de voir.

CCCCLXXV

Il faut bien l'avouer, la science a ses ganaches,
comme la politique, braves gens confinés dans
quelque spécialité, et qui poussent des cris de
paon à la moindre tentative de généralisation.

CCCCLXXVI

Chez les littérateurs, même de génie, rarement
le fond correspond à la surface... Rabelais était
sobre, Béranger aussi; Gautier, Musset... étaient
de profonds idéalistes... et Je soupçonne fort La-
martine et Sand de n'avoir jamais aimé!...

CCCCLXXVII

Entre deux opinions contraires, la Raison est

tout simplement la moyenne qui résout l'anti-nomie.

CCCCLXXVIII

On ne parvient pas souvent sans tacher son hermine, de même qu'on ne fait pas la cuisine sans se salir un peu les doigts.

De là le préjugé qui pèse sur les parvenus.

CCCCLXXIX

Louis XV était si pénétré de l'affinité qui existe entre les coquins et le succès que lorsqu'il tenait à réussir dans une entreprise difficile, il avait soin de choisir les plus malhonnêtes gens.

CCCCLXXX

Si Louis XV (déjà nommé) eût vécu de nos jours, il ne se serait pas sali ouvertement les doigts avec l'argent du pacte de famine; il aurait, sous un faux nez, joué à la Bourse.

CCCCLXXXI

La métaphysique procède par déduction comme la mathématique; seulement son point de départ est une *idée pure,* tandis qu'en dépit de l'apparence, celui de la mathématique est tout expérimental. Mais si leur point de départ diffère, elles se perdent l'une et l'autre dans... l'*indéfini.*

CCCCLXXXII

Pourquoi dans un certain monde qualifiez-vous de p..... la femme qui a faim et deux amants, et pardonnez-vous à la femme mariée qui supporte deux hommes?

CCCCLXXXIII

Le paradis? C'est la paix intérieure du sage.
L'enfer? C'est l'agitation dans le *Sentir,* c'est le remords et, à défaut, l'empoignement par le gendarme.

CCCCLXXXIV

Le grand monde a ses *fêtards;* le bas peuple a les siens. Ils ne diffèrent que de surface... au fond même animalité.

CCCCLXXXV

Le premier emploi qu'un voleur fait de l'argent qu'il vient de soustraire, ou le sot de l'héritage inespéré qui lui échoit, c'est d'aller s'en fourrer jusque-là... En un mot, faire la *fête,* jusqu'à extinction... de capital... Encore des *fêtards !*

CCCCLXXXVI

En restreignant les droits, le despotisme restreint d'autant les devoirs; aussi la vertu ne fleurit que dans les pays affranchis et dignes de l'être.

CCCCLXXXVII

Un peuple qui de son affranchissement n'a retiré que la licence, n'était pas encore apte à la liberté...

CCCCLXXXVIII

La fin de ce siècle a son 93... C'est la décadence anarchique qui affecte la littérature, les beaux-arts, les mœurs publiques, la politique. Si l'épidémie ne dépasse pas la génération actuelle, on s'en consolera; mais si la nation elle-même se faisande aussi jusqu'aux moelles, elle ne sera pas loin de devenir la proie des barbares affamés qui la guettent...

CCCCLXXXIX

Que l'homme vienne à disparaître de la surface du globe, les animaux et les végétaux ne s'en trouveraient pas plus mal, au contraire; qu'à leur tour ceux-ci s'éteignent eux-mêmes, le globe minéral, sans ces parasites dont il n'a nul besoin, continuerait avec la même sérénité sa valse autour du soleil.

CCCCXC

Il y a dans la pose de l'âne au repos une résignation stoïque qui a tout l'air d'une ironie au destin.

CCCCXCI

L'hypocrite est un cynique masqué.

CCCCXCII

Les actes de nos courtisanes contribuent, plus que ceux des notaires, à la division de la propriété... Ces charmantes niveleuses pompent au fond d'un tas d'imbéciles une rosée métallique qu'elles éparpillent sur la foule.

CCCCXC II

Si j'avais à peindre l'amour aujourd'hui, je supprimerais ses flèches, et mettrais des banknotes à la place.

CCCCXCIV

Combien de honteux spéculateurs, sciemment et sans remords, pratiquent l'art infâme de s'accoupler dans l'ombre avec l'Erreur, afin d'en propager l'espèce et d'en tirer du gain!...

CCCCXCV

La longévité de quelques indignes gredins (nommez) est un châtiment que Dieu leur inflige par avances d'hoirie.

CCCCXCVI

Le goinfre trop repu qui, d'indigestion, vomit son dîner, me semble rendre la part qui revenait au pauvre sans pain.

CCCCXCVII

Le savoir crée la souffrance. La souffrance fortement sentie fait la grandeur.

CCCCXCVIII

Rien ne consolide la modestie d'un homme modeste comme la vanité d'un vaniteux.

CCCCXCIX

En croyant s'émanciper, les femmes ne font qu'ajouter les vices de l'homme à leurs propres vices.

D

Une des plus révoltantes entre les hypocrisies sociales est le respect affiché de la personnalité humaine, en regard du peu de cas qu'on en fait dans la pratique.

DI

Nous avons connu l'absolutisme de la foi, l'absolutisme du sabre, l'absolutisme des écus; nous sommes en train d'expérimenter l'absolutisme du nombre... — toujours l'absolutisme!

DII

La vérité a ses pôles et son équateur; aussi varie-t-elle du tout au tout suivant le point où on la considère.

DIII

La vérité la mieux établie n'est vérité que dans sa moyenne; ses extrémités confinent à l'erreur et s'y confondent. *In dimidio veritas!*

DIV

Soyons sceptiques, mes amis, puisque la raison nous y oblige, mais ne nous moquons pas de ceux qui ont l'heureux malheur de se croire en possession d'une croyance.

DV

Qui sait si l'insouciant n'est pas plus près de la vérité que le philosophe qui s'épuise vainement en suppositions métaphysiques sur la nature des choses?

DVI

Le paradoxe est la mousse de l'esprit; n'en abusons pas, de peur que tout ne s'évapore.

DVII

La vanité fait faire les choses brillantes; l'orgueil, les grandes choses.

DVIII

Le rôle de l'homme est si bien de continuer la création par l'art, que s'il cherche dans ses souvenirs l'heure où il a joui de la félicité la plus pure, ce fut l'heure d'une création.

DIX

La femme n'est qu'un reflet; ce n'est pas à elle que nous devons nous en prendre de ses imperfections.

DX

Quand je dis du mal des femmes, ô mes amis! ce n'est pas elles que je vise, mais la société, et l'homme plus particulièrement.

DXI

Les pensées ont un sexe, a-t-on dit. Sont du genre féminin celles qui expriment des sensations et des sentiments; du genre masculin celles qui ont trait à la volonté et à l'action.

DXII

Pour un jour d'ivresse, l'amour nous en impose cent de remords; et pour une fois qu'il éveille le génie, cent fois il le tue.

DXIII

Quand les vieux sont restés jeunes de cœur et d'esprit, la jeunesse, au lieu de les fuir, accourt au-devant d'eux.

DXIV

Que penser d'une époque où une littérature de tolérance, qui encombre effrontément les trottoirs de nos carrefours intellectuels, non seulement n'offusque ni ne gêne la circulation, mais l'agrémente?...

DXV

Satisfaire ses vices en cachette, c'est donner au vice un piquant dont il a besoin.

DXVI

Le vice est à la portée de tout le monde; cela suffirait à dégoûter d'être vicieux.

DXVII

Le vice est une défaite; la vertu, une victoire.

DXVIII

L'espoir presque universel de l'espèce humaine

en une autre vie meilleure au delà du tombeau,
n'est-il pas la critique la plus éloquente de la vie
d'ici-bas?

DXIX

Vous croyez fermement à l'immortalité de
l'âme, vous la prêchez, vous l'exaltez; c'est très
bien. Mais pourquoi, vienne un danger imprévu,
ne vous montrez-vous pas plus pressés que nous
de bénéficier de cette immortalité?

DXX

C'est le sentiment de notre dépendance qui
fit les dieux et les religions. La foule n'est plate-
ment dévote que parce qu'elle est malheureuse:
rendez-la riche demain, elle joindra à l'insolence
un petit grain d'athéisme tout à fait réjouissant.

DXXI

La vie du riche porte l'empreinte de l'indivi-
dualisme; celle du pauvre, de la promiscuité:

tout est commun pour ce dernier... la crèche, la salle d'asile, l'école, l'atelier, le cabaret, le lupanar, l'hôpital, la fosse commune!...

DXXII

Voulez-vous savoir où en est la comète humanité dans sa longue et lente évolution sur la spirale de Vico? Regardez bien! Sa vaste queue est encore au signe : *Moïse, Bible et Veau d'or!*

DXXIII

Il en est qui ne font profession de philanthropie que pour se dispenser d'aimer leurs voisins.

DXXIV

Les cyniques en paroles sont semblables aux fanfarons de vices; riez-en... mais méfiez-vous des gens qui ont la bouche enfarinée de morale.

DXXV

La contradiction?... Même idée vue sous ses deux faces.

DXXVI

N'ayez pas d'amis; ou, si vous en avez, ayez-en beaucoup; sur le nombre vous aurez peut-être la chance d'en conserver un pour vos vieux jours.

DXXVII

Les irréguliers (bohèmes, toqués, visionnaires)? Tous frelons de la ruche sociale !

DXXVIII

Regardez bien tous ces excentriques : leurs actions les plus contradictoires sont soumises, sans qu'ils en aient conscience, à de certaines lois; ils ont beau être inconséquents, ils sont logiques; ils sont régulièrement irréguliers.

Ce ne sont pas des malades, ce sont des infirmes; de là leur incurabilité.

DXXIX

— Eh quoi! vous aussi vous abondez dans la turpitude à la mode?

— Que voulez-vous? j'ai peur, en agissant au-
trement, d'humilier mes contemporains.

DXXX

On loue volontiers chez un autre une qualité
que l'on croit posséder soi-même. C'est une manière détournée de faire sa propre louange.

DXXXI

Un vrai grand homme n'a de petit que ses défauts, fussent-ils grands; c'est par là qu'il appartient à l'humanité.

DXXXII

A mesure que l'expérience nous arrive, les illusions se hâtent de nous quitter.

DXXXIII

Pour s'élever aujourd'hui dans les hautes ré-
gions de la vie pratique (fortune, honneurs, pou-

voir), il faut alléger sa nacelle d'un poids dangereux... le cœur.

DXXXIV

La misère contient dans ses flancs plus de vices
que l'or ne recèle de vertus.

DXXXV

Le mariage moderne est un problème complexe
que bien peu résolvent à leur avantage. Il contient deux éléments, l'individuel et le social;
presque toujours on sacrifie l'un ou l'autre, souvent l'un et l'autre, quand il faudrait les intime-
ment combiner.

DXXXVI

On recherche d'autant plus de nombreuses relations, et si on en a trouvé on s'en vante d'autant
plus, qu'on a plus besoin de faire accroire à un
mérite qu'on a moins.

DXXXVII

Adresser des louanges à quelqu'un pour une qualité dont il est notoirement dépourvu, c'est lui faire injure.

DXXXVIII

Le vice bien porté est plus profitable à celui qui s'en sert habilement, qu'aux maladroits la vertu.

DXXXIX

Vous allez beaucoup dans le monde? Soignez, soignez bien vos surfaces.

DXL

Pour les esprits superficiels (ce sont, hélas! les plus nombreux) un vice à la mode devient pour le moment une vertu.

DXLI

Proportionner ses actes à ses paroles, ses paroles à ses pensées, ses pensées à sa conscience, sa conscience à la conscience universelle, c'est difficile, par conséquent rare.

DXLII

Il y a certaines manières d'avoir raison qui nous donnent tort.

DXLIII

Un sot peut avoir de l'esprit; mais soyez sûr qu'il n'a pas celui de s'en bien servir.

DXLIV

De tous nos défauts le plus éveillé, c'est la vanité qui ne s'endort jamais. L'intérêt ne dort que d'un œil.

DXLV

Ce n'est pas un voile que l'hypocrite met sur ses vices, c'est un masque.

DXLVI

Il y a des hypocrites de vices, comme il y a des hypocrites de vertus.

DXLVII

Si vous voulez être aimé pour vous-même, ne chargez pas les autres de ce soin.

DXLVIII

Il y a de la distinction à ne jamais parler de soi, si ce n'est à sa maîtresse... et encore! n'est-ce pas d'elle qu'on lui parle, si véritablement on l'aime?

DXLIX

Une femme peut ignorer ce qu'elle a de mal;
elle sait toujours ce qu'elle a de bien.

DL

Prendre l'existence d'un désir pour mesure de
sa légitimité, c'est confondre l'ordre de l'instinct
avec celui de la pensée.

DLI

Pour apprécier la délicatesse des autres, il faut
être déjà doué de délicatesse soi-même.

DLII

La première condition pour mener avec auto-
rité les hommes, c'est de les mépriser...

DLIII

Pour un homme de talent il y a quelque mé-

rite à dédaigner la renommée; il y en aurait davantage à la conquérir.

DLIV

Quand nous sommes impuissants ou incapa-
bles d'exécuter un dessein, il arrive parfois que
le hasard s'en charge... mais ce n'est pas toujours
à notre profit.

DLV

Qu'il nous survienne un coup imprévu d'in-
fortune, il y a des gens qui, croyant nous con-
soler, nous diront : « C'est votre faute! »

DLVI

La tolérance est le premier pas vers la Justice.

DLVII

Les hommes à jeunesse prolongée arrivent vite
à une morne vieillesse, sans passer par l'âge mûr.

DLVIII

La plupart des vieillards blâment sévèrement la jeunesse d'actes auxquels, jeunes, ils se sont livrés eux-mêmes. Chez les uns, c'est repentir; chez d'autres, jalousie.

DLIX

M. Prudhomme rencontre-t-il quelqu'un qui n'accepte pas d'emblée ses aphorismes, il s'éloigne en grommelant : « C'est un homme dangereux. . un socialiste ! »

DLX

Rendre évidente pour tous la solidarité des libertés, et surtout la connexité intime des libertés et des intérêts, c'est consolider le régime libéral.

DLXI

Ce qui démontre le mieux le trouble de certaines intelligences, ce sont

Certains mots qu'en tous lieux on accouple sans rire.

Exemple : Démocratie césarienne, catholicisme libéral.

DLXII

Sur la scène du monde on ne rencontre que des bonheurs rognés qui ne méritent pas l'envie, et des demi-malheurs qui ne méritent pas le respect.

DLXIII

Le luxe sous toutes ses formes centuple nos besoins et nous pousse invariablement à la poursuite passionnée des richesses.

Quand le luxe est en hausse, les caractères sont en baisse...

DLXIV

Le luxe est trop souvent un vernis superficiel qui cache des défectuosités.

DLXV

Si on dépouillait de tout ce qu'ils ont d'arti-

ficiel les fervents de la vie mondaine, on ne trou-
verait que des squelettes.

DLXVI

Vous voulez jouir d'un solitude complète,
Cryptophile? Choisissez : une mansarde à Paris
ou une cabane dans les bois... à moins que le
sommet du mont Blanc!...

DLXVII

La politesse pratique n'est, en définitive, qu'un
mélange de phrases toutes faites, d'attitudes et
de gestes banals que le moins sot sait placer à
propos.

DLXVIII

Si vous voulez réussir, n'attendez pas tout du
destin; aidez-le; au besoin, substituez-vous à lui...

DLXIX

Le caractère des vrais biens est d'être inépuisa-

bles et accessibles à tous. Tout bien qui ne se partage pas n'a qu'une fausse valeur.

DLXX

La philosophie positive a mis un écran entre
l'homme et l'absolu comme on met un garde-
fous sur le bord d'un précipice.

DLXXI

Doive en souffrir notre imagination, il n'y a
de réel que les faits, les rapports de ces faits et
les lois de ces rapports.

DLXXII

Partout où il y a des rapports, il y une science
en germe.

DLXXIII

On peut être impuissant à exprimer grandement le vrai et le beau, on ne l'est jamais pour
réaliser le bien.

DLXXIV

Il y a une ivresse de la pensée comme il y a une ivresse des sens. Toute ivresse a son délire...

DLXXV

Parmi les nombreuses conditions pour réussir dans la vie pratique, la première c'est la santé, la deuxième c'est l'absence de sens moral...

DLXXVI

L'entregent serait mieux nommé l'*entre-code*, car l'art de parvenir c'est souvent l'art de nager entre deux codes.

DLXXVII

Que de fois je suis tenté de ne plus appeler les hommes mes semblables !...

« Tais-toi, dit Christ ; monte en la barque et viens causer avec moi sur la mer de Tibériade. »

DLXXVIII

L'avenir plaît aux douteurs parce qu'il porte inscrit en grosses lettres sur son front ce grand mot : PEUT-ÊTRE! et qu'il tend la main à toutes les espérances.

DLXXIX

L'homme est le point d'intersection où le fini et l'infini se rencontrent.

DLXXX

Les gens d'action riront toujours des rêveurs, et toujours les rêveurs traiteront de crétins les gens d'action.

Ne feraient-ils pas mieux de se concerter et de se compléter les uns par les autres?

DLXXXI

Ayons toujours ceci présent à la pensée : quelque divergentes que soient les pistes que nous suivons dans le désert accidenté de la vie, elles aboutissent toutes au même précipice, la tombe.

DLXXXII

L'avidité de la génération actuelle pour ce que les apothicaires appellent des reconstituants, marque assez qu'elle a conscience de son affaiblissement organique. Le penseur y voit plutôt un affaiblissement des caractères.

DLXXXIII

Ce n'est pas d'anémie seulement que nous souffrons, c'est de *cacoémie*...

DLXXXIV

Déchirer tous les voiles, relever toutes les jupes, extérioser tous les dessous, ouvrir au grand jour toutes les alcôves, noter de cris d'animaux tous les soupirs, esquisser de gestes cyniques toutes les sensations... quelle spirituelle besogne!

et que les applaudissements d'une foule bestiale
en marquent bien la valeur !...

DLXXXV

La littérature en vogue a ses égouts à ciel ou-
vert, ses égoutiers et son *épandage* infectieux.

DLXXXVI

A littérature d'égout, dégoût !...

DLXXXVII

Il y a si peu d'absolu dans les choses humaines,
que les vérités scientifiques elles-mêmes sont relatives et contingentes... Un savant vient de faire
une découverte; vous achetez son livre. Surgit
un autre savant qui démolit le premier... vous
achetez son livre... Surgit un troisième savant...
Il ne vous reste plus qu'à vendre tous vos livres,
et à aller chercher la vérité sur les lèvres d'une
femme ou dans le fond d'un verre !...

DLXXXVIII

Certains critiques vont droit aux défauts les moins apparents d'une œuvre, comme le porc à l'ordure la plus cachée. — Identique instinct.

DLXXXIX

Le mot *Détruire* est à détruire. Rien ne se détruit, tout se transforme.

DXC

En travaillant exclusivement la matière, l'humanité semble y faire passer toute son âme et s'identifier misérablement avec son objet.

DXCI

L'amour que nous avons pour les enfants est une façon d'agir du *sens collectif;* c'est un culte inconscient de l'espèce.

DXCII

Par la fantaisie dans les actes on ne dupe que soi, et on fait rire les autres à ses dépens; par la fantaisie de la langue ou de la plume, on se moque d'eux et c'est à leurs dépens qu'on les fait rire.

DXCIII

Quand on est réduit aux hypothèses invérifiables, on n'est plus tributaire de la raison.

DXCIV

Quand je distribue des chiquenaudes à vos rêves, ô poètes! est-ce que les miens ne les reçoivent pas en plein visage? quand je fais saigner vos illusions, n'est-ce pas le sang des miennes qui coule?... — Ce n'est pas en vain que j'appartiens comme vous à l'humanité.

DXCV

Rien ne donne de l'audace, pour le bien ou

pour le mal, comme une conviction, fût-elle
basée sur une erreur.

DXCVI

Dans le steeple-chase de la vie, les concurrents
ne partent pas également lestés. Le coquin, allégé
de conscience, de scrupules, de pudeur, a le plus
de chances, et c'est sur lui que pontent les gogos.

DXCVII

Nous ne sortons des mains de la nature qu'à
l'état de maquette. Le sage achève de se sculpter
à l'écart.

DXCVIII

Le talent que nous manifestons n'est souvent
qu'une manie chronique que nous avons eu le
temps de perfectionner.

DXCIX

Il y a du Dieu dans l'homme; c'est dans l'homme
de génie qu'il se manifeste.

DC

Les cerveaux sont pleins de pensées, comme de statues les carrières de marbre. Tout l'art est de formuler les unes et de sculpter les autres.

DCI

Pour cheminer en équilibre sur la corde raide de la vie, une bonne conscience est le meilleur balancier.

DCII

Le vice a sa racine plus souvent dans l'esprit que dans le cœur.

DCIII

Il n'y a pas de qualité qu'on possède moins que celle qu'on simule plus.

DCIV

Faire des projets est à la portée de tout le

monde; en assurer l'exécution n'est le propre que
de quelques-uns.

DCV

Pour abattre un abus, il ne suffit pas de le
raser au niveau du sol, il faut en extirper les racines.

DCVI

Premier acte : une idylle; deuxième acte : une
ode; troisième acte : une élégie; quatrième acte :
une satire; cinquième acte : une tragédie!... —
Ainsi se joue la vie!...

DCVII

La foi en un Dieu est l'expression de l'instinct
de conservation d'un peuple. Par ses dogmes religieux il consacre et par ses lois il assure la sou-
mission permanente de l'homme individu à
l'homme social.

DCVIII

L'intelligence c'est l'instinct qui se connaît et se discipline.

DCIX

Dans un éternel *Devenir* le Réel s'écoule à la poursuite de l'Idéal.

DCX

Le spiritualiste est un esclave qui ne sent pas ses fers...

DCXI

Caton disait que s'il n'y avait pas de femmes, les hommes pourraient converser avec les dieux.

DCXII

Quand il n'a pas de sécurité dans sa vie,

l'homme ne songe ni à se reproduire ni à se dé-
vouer; il songe à vivre. *Struggle for life!*

DCXIII

Combien d'hommes ne sont éducables qu'à
la manière de l'éléphant, du bœuf, du chien, du
perroquet!...

DCXIV

Le commun des hommes a le vague instinct
de l'alliance fatale du vice et de la misère; et
comme son esprit épais confond la misère avec
la pauvreté, nul ne s'avoue pauvre; chacun veut
paraître riche.

DCXV

Voulez-vous vivre? ne poursuivez exclusivement ni la gloire, ni la volupté, ni la richesse, ni
la science... Vous êtes omnivore, morbleu! mordez
à tout... selon vos moyens.

DCXVI

Le découragement est une tache d'huile sur le cœur.

DCXVII

Sentir, penser, agir, sont trois faits qui devraient s'associer harmoniquement, mais qui, par la faute de l'homme, se heurtent, s'opposent, se dissocient. Les fervents de l'art sentent sans penser ni agir; les tenanciers de l'industrie agissent sans sentir ni penser. Quant au penseur (je ne sais s'il en existe en ces temps d'agio), tenez pour certain qu'il ne sent pas et agit moins encore.

DCXVIII

La Raison a le Fini pour territoire, et l'Imagination, l'Infini. D'où parfois hostilités sur la frontière...

DCXIX

Nos maximes ne sont le plus souvent que des

intuitions personnelles que nous généralisons
audacieusement.

DCXX

Il y a dans un recueil de pensées des bourgeons,
des fleurs, des fruits, des graines, des racines...
et davantage encore des grains de sable...

DCXXI

Une pensée bien formulée et une femme bien
faite n'ont pas besoin d'ornements; elles brillent,
l'une dans sa concision, l'autre dans sa nudité.

DCXXII

Le christianisme avait émancipé la femme; c'é-
tait assez. Les troubadours, Dante, Pétrarque...
l'ont divinisée; c'est trop! Nous en portons encore la peine; nos femmes sont hors de leur destinée et de la vérité... (hors de la sagesse, auraient
dit les anciens).

DCXXIII

Le théâtre est le miroir où vient se reproduire

le caractère d'un peuple. C'est ainsi que le cirque avec ses jeux sanglants fut le vrai théâtre des Romains. Mes contemporains de Paris (Dieu les bénisse!) ont le *Chat noir* et les *Beuglants*.

DCXXIV

Je suis plus brave que Fontenelle : quand je crois tenir dans ma main la plus petite vérité, ma foi! je la glisse dans la vôtre, cher lecteur, sauf à vous d'en faire ce que vous voudrez.

DCXXV

Parler de soi, se promener en chemise, c'est tout un!

DCXXVI

Le sage est celui qui possède les choses et n'en est pas possédé.

DCXXVII

Ne pas ressentir d'abaissement par la misère,

ou d'orgueil par la richesse, même supériorité de caractère.

DCXXVIII

Le père, la mère, l'enfant, voilà la vraie trinité ! le vrai homme en trois personnes !

DCXXIX

L'homme qui geint, abdique. Apportez-lui des vêtements de femme.

DCXXX

Il n'est pas rare de rencontrer dans le même esprit l'audace de la pensée et la timidité de l'action.

DCXXXI

Est-ce assez humiliant pour notre entendement ! il y a des choses qui nous paraissent vraisemblables et qui ne sont pas vraies, et d'autres qui sont vraies et qui ne nous paraissent pas vraisemblables.

DCXXXII

Nous avons beau apprendre, nous épelons toujours.

DCXXXIII

Ce n'est pas le temps qui passe; c'est nous qui nous écoulons le long de son éternelle immobilité.

DCXXXIV

Les nationalités, les civilisations, l'humanité, les mondes... tout meurt... et l'homme continue à se croire immortel!

DCXXXV

Vous m'accordez que l'animal est intelligent. J'en conclus qu'il est moral. — Est-il religieux? — Parbleu! L'aurions-nous domestiqué sans cela?

DCXXXVI

Platon a dit quelque part (après Socrate) que

le sage est celui qui a su affranchir l'esprit de la tyrannie des sens... C'est bien! Le christianisme, outrant cette belle pensée, nous a fait une loi de martyriser la chair... C'est trop!

Amicus Christus *sed magis amica veritas.*

DCXXXVII

Le chemin le moins long, ce n'est pas le plus court, c'est celui qui offre le plus d'agréments.

DCXXXVIII

Vous êtes clairvoyant; vous avertissez un ami des extrémités fâcheuses où l'entraîne sa mauvaise conduite; ces extrémités atteintes, il ne vous pardonne pas de les avoir prévues.

DCXXXIX

La littérature de ces temps-ci me donne la nausée... Supra-idéaliste ou hyper-réaliste. Dans le premier cas elle méconnaît le mécanisme social, la vie pratique; elle leur substitue je ne sais quel monde chimérique où se plaisent à rêvasser les phtisiques de la pensée. Les hyper-réalistes vous dépeignent sans vergogne toutes les jouissances bestiales de la sensation... On dirait qu'ils prennent à tâche de maintenir l'homme le nez dans la boue et de l'empêcher de penser.

DCXL

Il y a des hommes tellement dénués de personnalité qu'ils n'ont de goût que le goût public du moment, bon ou mauvais.

DCXLI

Aux hommes vaniteux qui ne peuvent pas se passer de galerie, toute galerie est bonne.

DCXLII

Loin de l'affaiblir, une blessure accroît la vitalité de l'amour-propre.

DCXLIII

L'amour-propre est absolument réfractaire à l'*anémie*.

DCXLIV

Les personnages haut placés regardent volontiers d'un mauvais œil les hommes indépendants qui peuvent se passer des faveurs dont ils disposent.

DCXLV

Les vices des rois ont tué la royauté; les vices du peuple tueront la république.

DCXLVI

La bienveillance est le plus souvent passive; mais toujours active, la malveillance.

DCXLVII

Être à la fois plutôt que tour à tour Héraclite et Démocrite.

DCXLVIII

Un repli de rose blesse un Sybarite à l'épiderme et un sage à l'âme.

DCXLIX

Rechercher ce qu'il y a de général dans le particulier, de nécessaire dans le contingent, de permanent dans le passager, de sacré dans le profane, de divin dans le terrestre, de vie dans la mort...

Voilà, au milieu du tumulte en apparence incohérent des êtres et des choses, la tâche du penseur.

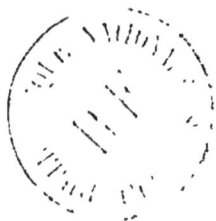

TABLE SOMMAIRE

Les chiffres indiquent les numéros des pensées

A

TABLE 173

D

TABLE 175

F

G

H

I

TABLE 177

TABLE 179

Q

R

S

TABLE 181

V

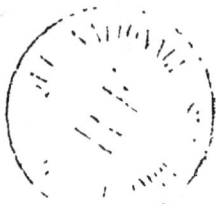

Achevé d'imprimer

le quinze octobre mil huit cent quatre-vingt-seize

PAR

ALPHONSE LEMERRE

6, RUE DES BERGERS, 6

A PARIS

I. — 2697.

BIBLIOTHÈQUE CONTEMPORAINE

Volumes in-18 jésus. Chaque volume : 3 fr. 50

DERNIÈRES PUBLICATIONS

Paris. — Imp. A. LEMERRE, 6, rue des Bergers. — 4.-2697.

www.ingramcontent.com/pod-product-compliance
Lightning Source LLC
Chambersburg PA
CBHW070622100426
42744CB00006B/581